道は、ひらける

タイ研究の五〇年

石井米雄
Ishii Yoneo

めこん

目次

四川省
貴州省
ブラマプトラ川
アッサム
インド
中国
昆明
芒市
雲南省
広西壮族
自治区
マンダレー
景洪
ケントゥン
タウンジー
ハノイ
ルアンナムター
ミャンマー
メーサーイ
チェンセン
バーンホエイサイ
ルアンプラバン
チェンライ
プークン
シェンクアン
ベトナム
ラオス
チェンマイ
ヴィエンチャン
メコン川
サルウィン川
イラワジ川
北ベトナムと
南ベトナムの
暫定軍事境界線
(17度線)
ヤンゴン
ターケーク
スコータイ
サワンナケート
チャオプラヤー川
タイ
ウボンラーチャターニー
パークセー
アユタヤ
ブリラム
ボロベン高原
ナコンナーヨック
アランヤプラテート
アンコール
バンコク
シアムリアップ
ストゥントレン
ポイペット
カンボジア
トンレサップ湖
トラート
クラチエ
ニャチャン
コンポンチャム
ダラット
プノンペン
バナム
ホーチミン
ラノーン
チャイヤー
マレーシア

まえがき

四発のプロペラ機は、西に向かって、ゆっくりと機首を下げていく。ふわふわとした綿のように真っ白な雲塊を突き抜けると、左手の窓いっぱいにひろがる茶褐色の大地が眼に飛びこんできた。低平な水田に、物差しで引いたような平行線が、何本も何本も南北に走っているのが見える。これが、以前、本で読んだことのあるランシット運河だとしたら、バンコクまではあと数十キロのはず。いよいよ到着だ。そう思うと、胸がときめく。

タイ語の勉強を始めたときから、いつの日か、本物のタイ語に触れたいと、タイへの留学を夢みていた。しかし、戦争に負けて一〇年たらずの一九五三年当時の日本では、外貨の制限がきびしく、特別の仕事でもないかぎり外貨の割り当てがもらえなかったので、かりにお金があったとしても、今日のような海外旅行などは夢のまた夢。フルブライトやガリオア資金で米国へ留学した先輩の話などをただうらやましく聞くのが落ちだった。

「君が本当にタイへ行きたいのなら、近道があるからやってみないか。外務省だよ。外交官試験はむずかしいが、外務書記ならやさしいぞ」こう教えてくれた人がいた。

文学部しか頭になかった私には、外務省などという役所は月世界のような存在だったが、話を聞いてみると、今で言う専門職という仕事は、今までやってきたこととまんざら無関係とも言えない。とにかくタイへ行けるというなら多少の犠牲は甘んじて受けようと、さっそく本屋に出かけて、今まで触ったこともなかった法律や経済の本を仕入れ、一夜漬けで試験にのぞんだ。一九五四年のことである。

幸い試験に合格して入省したものの、まだ半信半疑。馬鹿なことを聞くなと一笑に付されることを承知の上で、本当にタイに行けるんですかと、外務研修所の指導官に質問したほどにタイへの道は遠かった。

研修が終わり、同期生の何人かがアジアの国々へ留学するのを見て、うらやましく思いながらも、次はきっと俺の番だ、と自分を納得させて、役所通いを続けたものである。

忘れもしない一九五七年四月二三日の夕刻。私は当時ただひとつの国際空港だった羽田空港からKLM機に乗った。生まれて初めての空の旅だ。

初めて経験する出国手続きを終え、タラップに向かおうと廊下を歩いていると、「日本ニュース」のカメラに呼び止められた。「旅立つ外務省留学生」というニュースの取材だという。思いもかけなかったので照れ臭かったが、ちょっぴり嬉しくもあった。今で言えば、さしずめロケットにのる宇宙飛行士の心境に近い。

機内に入る。前方のエコノミークラスはがらんとして、相客は確か三人しかいなかったように思う。席につくと、大柄のオランダ人スチュアーデスが、次から次へと食べ物を運んできた。ところが胸がいっぱいで、なにも口に入れたくない。ついさっき、おめでたい旅立ちだからと母が用意してくれたお頭つきの鯛でさえ、箸をつけるのがやっとだったのだ。二〇〇グラムのステーキなんてはいるわけがないだろう。ようやくデザートのアイスクリームが出てきて、ほっとする。

食事を終えて窓から外を見ると。月がきれいだ。餞別にもらったばかりのF1・4レンズつきのニコンのシャッターを切る。

夜が明けた。インドシナ半島上空に達したらしい。地上に見える巨大な流れはメコンだろう。かなり大きな支流が直角にメコン本流に流れ込んでいるところをみると、もう少しで東北タイの主邑ウボンのはずだ。それまで真西に向かっていたKLM機が高度を下げ始めた。外を見ると、広い水田の真ん中に、なにか黒い粒のようなものが見える。窓に鼻をすりつけて眼をこらす。どうやら水牛らしい。鋤を引いているのだろうか。後ろに人がいる。水牛が動く。人も動いた。タ

上空から見たバンコク近郊のランシット運河

イ人に違いない。これが生きているタイ人か。留学が終わったとき、俺はこの人たちと話せるようになるはずだ。

しかし本当にできるようになるだろうか。いや、できるとも。二年間もあるのだ。がんばるぞ。

飛行機は、やがて機首を南に向けると、ドンムアン国際空港に向かって着陸体制に入った。地上の景色がどんどんと大きくなっていく。あと一〇メートル。五メートル。三メートル。一メートル。どん、という軽いひびきをたてて、ＫＬＭ機はみごとに着陸した。

ついに来た。夢に見たタイがいま目の前にある。ドアが開いた。四〇度を越える熱風がいっせいに機内に吹き込み、降りようとする私の身体にぶつかってきた。これだ。この熱気が本物のタイなんだ。この暑さの中に飛び交う言葉、それが私の求めてきた本物のタイ語だ。

　まばゆいばかりの真夏の日差しを浴びて、私はゆっくりとタラップを降り、初めてタイの大地の上に立った。この年、私は二七歳になっていた。

第1章　中退また中退

受験生のころ

一九四五年三月、わが家は山形県の庄内地方に疎開していた。三代つづいての江戸っ子だったので、まったくの無縁故疎開だった。叔父の知り合いの、そのまた親戚という、なんともたよりない縁を頼って一家四人がころげこんだのは、鳥海山のふもとの吹浦に近い高瀬村の、とある農家の馬小屋の天井裏である。

来る晩も来る晩も、蚤の襲撃に悩まされた。下に馬がいるのだからしかたない。そのうち、ふとんの上にタオルを敷いて寝ると蚤がタオルの隙間に首をつっこんで動かなくなる習性のあることを発見し、寝る前に姉と競争で蚤を何匹もつぶしてから寝るのが習慣となった。

高瀬村から三〇分ほど歩き、近くに「あつみ山や、吹浦かけて夕涼み」という芭蕉の句碑のある吹浦の駅から、毎日、酒田中学校へ汽車通学をした。通学といっても、当時は勉強などなにもなし。いわゆる勤労動員で、学校の教室へは行かず、酒田の先の砂越というところにある帝国石油の油田へ、毎朝四時起きして土方仕事に行くのである。

日本の石油の生産量は戦艦「長門」が一年走るとなくなってしまうという話を、前に『少年倶楽部』で読んだことを思い出した。ほっておいても石油の噴き出すテキサスの油田とは違い、なけなしの石油をポンプで無理やりに吸い上げているといった風情であった。その汲み上げポンプを動かす巨大なモーターを、級友たちといっしょに山の斜面を引っぱり上げるのが日課である。

ある日の朝、例によってモーター引き上げのつもりで行ってみると、なんとなくいつもと様子が違う。職場全体にはなやいだ雰囲気が感じられた。「一七号井」が「じふんした」と騒いでいる。「じふん」とは「自噴」、つまりポンプで無理やり汲みあげなくても自然に石油が出てくることの意味とわかった。みんなで現場に行ってみると、まっ黒な原油がボコ、ボコと噴き出している。テキサスと比べると、なんとなくたよりない「自噴」だが、みんなが騒ぐのだから日本ではこれでも上出来なのだろうと思った。

そんな仕事に汗を流して五ヵ月たったとき、運命の八月一五日がやってきた。天皇陛下の重大放送があるとラジオが叫んでいる。村では数少ないわが家のラジオの前に、十数人の隣人がかしこまって坐った。玉音放送だというので、手作りのラジオの前にカーテンをかけて、ちょっぴり厳粛な雰囲気を演出した。

祝詞《のりと》をとなえるような調子の天皇陛下のお言葉は、ほとんど聞き取れなかったが、予想していたような、本土決戦に備えよという檄ではなかったようだ。お言葉の後で聞こえたアナウンサーの解説で、ポツダム宣言を受諾したこと、つまり戦争が終わったらしい、ということがわかった。日本は負けたのだ。あまりにも突然の話。女子挺身隊の姉は泣いていた。私はどうしていいかわからず、黙ってラジオのスイッチを切りに行った。

旧制中学では、四年から旧制高等学校を受験できた。そのころ、文科とは文学的才能のある特別の人間の行くところだと勝手に想像していた私は、迷わず理科を受けることにした。なにも数学が得意だったからではない。それどころか、中学一年のとき、幾何で赤点をもらったことさえある。数学は大の苦手だった。しかし当時の私には、ほかに選択肢はなかったのである。

二人の兄は兵隊にとられて戦争に行っている。相談しようにも相手はどこにもいなかった。たまたま、中学に入るころからラジオを作るのが好きになり、『子供の科学』という雑誌を「教科書」に、鉱石ラジオから始めて、高周波一段の四球式までの組み立て修理ができるようになっていた。その『子供の科学』に、ときおり、テレビという「絵の出るラジオ」の話が載った。その実験をやっているのは、早稲田大学理工学部の電気通信学科だという。

というわけで、成績さえ良ければ「でんつう」に進める、早稲田第一高等学院の理科をめざして、受験勉強を始めた。

庄内の冬はきびしい。疎開先の高瀬村を出て、猛烈な吹雪を顔に浴びながら、一面に広がる刈り取り後の水田の畔道を、吹浦の駅まで歩く。終戦直後の国鉄は、A地点からB地点へと、人間を運ぶのが精一杯だった。座席に腰を下ろすどころか、客室内に入ることさえままならず、デッキにぶるさがるのは当たり前。石炭車の上に乗ったり、極端な場合には機関車の前に腰を下ろしたりしても、文句は言われなかった。

しかし毎日のように続く列車の遅延にはどうすることもできず、冬の間だけでもと、酒田の知人の家に下宿することにした。下宿には一年先輩の受験生がいて、屋根裏の小部屋に寝泊まりして、二人で勉強した。

しかし、受験勉強は結局、間に合わなかった。当時の理科の試験科目には、英・数・国・漢に物理、化学から生物まであった。生物などは、とても手がまわらず、酒田から上越線の鈍行が上野まで行くのに一四時間かかることだけがたよりで、『生物の新研究』という本を、三人掛けの満員列車の暗い電気の光の下で必死になって読んだ。そんなわけで、準備ができたと胸を張れる科目はひとつもなかった。

だから「わせだ」と一緒に、ひやかしで受けた浦和高校は、当然のことながら不合格。結果は発表を見に行く前からわかっていた。

早稲田の発表を見に行くときにも、大きな期待は持っていなかった。早く東京へ帰りたいけれど、だめだったら、五年でもう一度受ければいいやと、たかをくっていたことにもよる。だから掲示板に自分の受験番号を見つけたときは、嬉しいというより、びりから何番だったのかなと、ちょっぴりほろにがい気持ちを味わった。

旧制高校の時間割には、数学と語学がいっぱい詰まっていた。数学は相変わらず苦手で、丸坊主の数学の先生が、「こんなのが高等数学だなんて」と噴き出しながら板書する「易しい問題」も解けず、劣等感に悩まされたが、英語とドイツ語は面白かった。

ことにドイツ語は、今ではすっかり影をひそめた、あのひげ文字が読めるようになることで、無邪気な優越感にひたったものである。ただ、「デル、デス、デム、デン」などという先生の発音がなんとなく嘘くさくて気に入らなかった。

ドイツ人は、ほんとにそんな発音をするんだろうか。そんな気持ちを抱きながら、教室を出て家に帰るある日のこと、大隈講堂わきの都電の終点に抜ける路地を歩いていると、電柱にはりつけた「ドイツ語教授、フラウ・アルマ」という張り紙が、眼に飛びこんできた。これだ、と思ってさっそくそのアルマ夫人をたずねることにした。

アルマ夫人の家は、田町から品川駅に向かって右手の道路沿いにあった、終戦直後らしく、おんぼろガレージを改造した二階屋だった。

“Einmal eine Woche achat hundert yen”（一週間一度で月八〇〇円）

私の顔を見るなり、胸にナチスのバッジをつけた金髪の婦人はこう言った。生まれて初めて聞いたドイツ人のドイツ語である。

かなり高い。だが今にして思うに、三人の男の子を抱えて離婚したアルマさんの異郷での生活は、ずいぶんと苦しかったに違いない。私の他に、二人ほど生徒のいることを後で知った。

ポンメル出身というアルマさんのドイツ語の発音の良し悪しを判断する能力などあるはずもなかったが、なんといっても、本物のドイツ語を聞けるのが嬉しかった。

几帳面なドイツ人らしく、アルマさんはいつも、馬鹿でかい目覚まし時計をドンとテーブルの上に置いてから授業を始めた。それを見ながら一時間ぴったりでおしまい。一分でも長くドイツ語の発音を聞いていたかった私には、これが不満だった。

その本をなぜテキストに選んだのか、理由はまったく忘れてしまったが、たまたま渋谷の古本屋で見つけた、中河与一の『天の夕顔』という小説のドイツ語訳を読んでもらった。主人公のひとりの女性が訪ねてくる男を待つくだりがあり、そこへ来るとアルマさんは決まってしんみりとなって、いつも数分超過した。若かりしころのご自身の恋愛の思い出にでもふけっているかのようだった。理由はともかく、私は、その数分間の儲けを嬉しく思った。

第一早高理科の授業の中では、古川晴風先生の英語が面白かった。手製のガリ版のテキストを使って最初に読んだのは、トーマス・ハーディの To please his wife という短編小説だった。チェーホフの小説の英訳も読まされた。sentence analysis というのもやらされた。ストーブもないおんぼろの一四号館で、軍隊の放出物資のカーキ色の外套の襟を立てて聞いた授業で、特に興味を引かれたのは、英単語の語源の説明だった。そこには、中学校ではまったく味わったことのない世界があった。

「花びらのことを、英語でなんという?」と先生が尋ねる。それは受験生必携の『赤尾の豆単』で覚えたやつだ。手をあげて「はい! pedal」です、と胸をはる。

「そうだ、それはラテン語の『足』を意味する pes, pedis からの借用語だ。よし、それじゃ、写真を写すとき使う三脚はなんという?」

今度は別の席から手があがる。「tripod です」

「よく知ってるね。その通り。これは三本の足という意味だ。tri は三、pod は足だ」

なるほどと感心する。

「だけど、おかしくないか。さっきの足は ped。こんどのは pod。母音が違うじゃないか。どうしてだ?」

そう言われれば、確かにそうだが、どうしてなんだろう?

「それはあたりまえ。pedal の方はラテン語。ところが pod の方はギリシャ語から派生した言葉なんだ。語源が違うんだよ」

身体が震えた。へー、面白いもんだな。こんなこと勉強できたら楽しいだろうな。教室を出て家に帰る途中、都電の吊り革につかまりながら、ずうっと古川先生の今の話が、頭の中に渦巻いていた。語源。借用。言葉の歴史。面白い学問があるもんだ。その時から、ひょっとすると、俺に向いているのは、言葉の学問かもしれないと思うようになった。

言語学へのあこがれ

一九四六年の八月のある日、サイパン島の玉砕部隊で戦死し、遺骨が届けられていた長兄が、ひょっこり帰ってきた。足があるかと、みんなでびっくりした。実はその時、兄の三回忌をすませたばかりだったからである。

高瀬村から引っ越してきた吹浦の家の仏壇の前の自分の「遺骨」に付けられた名札を見て、兄は「あ、おれが上等兵になってる！」と叫んだ。戦死者の名誉をたたえるとして、二階級特進させるのが、当時の軍の方針だったのだ。召集組の二等兵で苦労した兄にしてみれば、上等兵への昇進はさぞかし驚きだったのだろう。

部隊が全滅した激戦で、兄は足に銃弾を受けて気を失った。気がついたら、米軍の野戦病院のベッドの上だったという。捕虜として米国に護送され、ウイスコンシンの農場で働かされていたという兄は、丸々と太って帰ってきた。チョコレートや安全かみそりの刃をたっぷり詰め込んだリュックを背負った兄は、闇屋と間違えられ、一日、愛宕署に留置されて調べられたというおまけがついている。

私が早稲田に入った一九四七年の秋には、シベリヤに抑留されていた次兄が、痩せ衰えて帰国した。旧満州の孫呉にいた次兄は将校だったので、シベリヤへ連行され、将校ばかりのラーゲルに収容され、森林の伐採に従事していたのだという。食べ物もろくにない状況での重労働は、大分身体にこたえたらしい。一度倒木に押しつぶされて、胸を強く打ったことがあるという。帰国直後、母が心配して医者に見せたが、幸い後遺症はなかった。

そんな危険を経験しながらも、次兄は、ロシア人は純朴で親切だったと、決して悪口は言わなかった。私は兄から、「スパシーボ」というロシア語を教えてもらった。「サンキューっていう意味だ」と兄は言った。

高等学校に入って二年になった。その頃はもう、学校の授業がつまらなくて仕方がなくなっていた。次兄は以前つとめていた東宝映画の宣伝部に復職したので、しょっちゅう映画館の招待券をくれた。それをいいことに、学校をさぼって映画ばかり見ていた。

そのうち古い映画も見たくなり、筈見恒夫という人の書いた『映画五十年史』という本を兄の書棚で見つけてきて、一九二〇年・三〇年代のフランスの名画を見歩いた。

月に一七回も映画を見たことがある。「自由を我らに」「ルミリオン」「ぺぺ・ル・モコ」「大いなる幻影」。特に「大いなる幻影」が気に入った。

　ドイツとフランスの斜陽貴族を演じたエリック・フォン・シュトルハイムとピエール・フレネが、部下たちに聞かれないように英語で話すシーン。

　時間をかせいで、同僚のジャン・ギャバンの逃亡を助けようと、収容所の城壁を逃げ回るピエール・フレネに向かい、I say to you, man to man と絶叫する捕虜収容所長。ただひとこと、No! と答えて、彼の銃弾に倒れる元貴族。

　スイスに向かって脱走するジャン・ギャバンが、途中で立ち寄った農家の女と交わす片言の会話。Le café est prêt（コーヒーがわきました）というドイツ女のたどたどしいフランス語。その女の娘のことを、フランス人らしくhを落として「ロッテ・アッ・ブル・アウゲ」（ロッテの目は青い）と言って、はにかむギャバン。二人の異国人の男女の間に芽生えた淡い愛情が、こんな会話で表現されるのを見て、言葉のすばらしさに感動した。


　一九四九年は、学制改革の年である。中学五年、旧制高校三年、大学三年というそれまでの学校教育制度が抜本的に改革され、六・三・三・四制度が導入されたのである。その結果、旧制の第一早稲田高等学院は廃校となり、学生は一斉に新制早稲田大学へ移行編入することになった。高等学院の二年生は、学部の二年に移行するのだという。しかし授業をさぼって映画ばかり見ていた私が、あこがれの「電気通信」へ入れるわけがない。それならいっそ思いきって文学部に変わり、言語学をやろうかと思って兄に相談してみることにした。兄は兵隊に行く前に同じ早稲田の専門部の「政経」を卒業している。

「理工学部出身なら、いいところへ就職できるぞ。言語学なんて、大学を出てから考えろよ」文学部出身者では食えないぞという、しごくもっともなアドバイスだった。しかし、理工学部へ進むとしても、さぼりにさぼった今の成績で「電気通信」へ進めるわけがない。かと言って、ほかの学科へ行こうなどと、夢にも考えたことはない。文学部だ。それ以外に道はない。

こう決心した私は、母や兄の心配をよそに、転部の試験を受けることにした。科目は、英語と歴史だった。当時標準的教科書と言われていた山中謙二の世界史を丸暗記して受験。ようやく一年下がって、文学部の一年に転入することが許された。一九四九年四月のことである。

ところが、言語学を勉強したい、ただそれだけの理由で転部し、文学部に進んだものの、うかつなもので、早稲田の文学部には言語学科のないことを考えていなかった。

そこで、とりあえず英語・英文学科に籍を置き、言語学のにおいのする科目を手当たりしだい聴いてみようと思った。しかし、概論を除くと、言語学らしい科目があまり見当たらないのに、はやくも失望してしまった。

第二語学のドイツ語はＡＢＣからなので一度出ただけで止め、事務と掛け合って、代わりにラテン語でいいことにしてもらった。比較言語学をやるなら、必修の言語だと思ったからである。

ラテン語担当の川本茂雄先生は、謹厳、実直を絵にかいたような先生で、この先生のきびしい薫陶を受けたことを、いまだに感謝している。

最初の時間、学生が座りきれないのを見た先生は、部屋に入りながら、「ずいぶん、いるね。でも、じきにがらがらになるよ」と言われた。その予言通り、名詞の第三変化をすませるころまでに、ひとり減り二人減り、ひととおり文法を終えて、カエサルの『ガリア戦記』を読み始めることまでには、一〇人あまりしかいなくなってしまった。

「ラテン語はね、母音の長短の区別が大事だから、新しい言葉に出会ったら、辞書をひいて、母音の長さをきちっと覚えておくようにしなさい」

これが川本先生の口癖だった。二年目に、アテネフランセへ行って、もう一度はじめからラテン語文法のおさらいをしたとき、そこの先生が、のっけから「私は母音の長短は区別しません」と言うのを聞いて、川本先生の本格的な手ほどきを受けられて本当によかったと思った。

川本先生のラテン語の授業の受講者の大半は仏文で、あとは、独文と史学科の学生。英文科は私ひとりだけだった。川本先生は、ラテン語の語彙の説明をするのに、しょっちゅうフランス語を引き合いに出した。これにはまいった。ぜんぜんわからない。先輩たちが、うなずいて先生の話を聞いているのを見て、あせった。

一年も終わりに近づいたころ、川本先生が、「来年は、キケロの *De amicitia*（友情論）をやる」と言った。よし、それじゃ思いきって、フランス語を始めて、四月までに『友情論』の解説をフランス語で読めるようにしてやるぞ。せっかちの私は、こう決心すると、いっしょにラテン語を勉強していた仏文科二年生のMさんに頼み込んで、個人教授をお願いした。

小石川にあったMさんの家での、フランス語の特訓が始まった。ABCから始めて、内藤濯の *Grammaire Pratique* を二週間で終え、あとは白水社の『フランス語動詞活用表』を丸暗記。気が狂ったように勉強した。

言葉の勉強にとって一番大事なのは、どうしてもその言葉をやらなければならないという、強い動機を持つことである。ほかのすべてのことを犠牲にしてでもその言葉の勉強に全精力を集中できるほどに強い動機づけがないかぎり、うかつに語学に手を出すべきではない。暇な時にやる程度の理由では、外国語の習得はおぼつかない。

ちなみに私はその後ロシア語に三度手を出したが、ことごとく失敗した。学習の動機が、ロシア語をなんとなく身につけておきたいという程度の弱いものだったからである。しかし、当時の私にとって、ラテン語の教室で恥をかかないためには、四月の新学期までにフランス語を身につけることが至上命令だった。だから寝てもさめても考えることはフランス語のことばかり、朝起きても、新聞を読む余裕さえなく、用をたすときにさえフランス語の変化表をめくっていた。

そのおかげで、三月末までの二ヵ月の間に、モーパッサンの『初雪』、メリメの『マテオファルコーネ』それと、デカルトの『方法序説』を読み上げることができた。こっちは必死だったが、教えるMさんの方も大変だったと思う。勝手きわまりない私の要求に、よくつきあって下さったと、Mさんの学恩は一生忘れることができない。

後日談になるが、後年京大で、サンスクリット語の世界的学者であるO教授から、Mさんは O教授が尊敬してやまないフランス語の達人であると聞いて、その偶然に驚いたことがある。

「お前みたいなやつのことを、猪突猛進と言うんだな」と口の悪い級友がひやかした。思い立つと、いてもたってもいられなくなるのは生まれつきの性分なんだからしかたがない。今にして思えばあまり意味のない決断だったが、二年になるとき、英文から仏文に転科しようと思った。

学科長の佐藤輝夫先生の面接を受けるようにという事務の指示に従って、先生の研究室を訪ねた。先生は、ひとこと、「これまでに何を読みましたか」と聞かれた。「モーパッサン、とメリメとデカルトです」と読んだばかりの本の名前を言うと、じゃいいでしょうと、転科はあっさり許可された。何年勉強したの、という質問のなかったのが幸いだった。

しかし、なんとなく仏文に代わったものの、授業に興味の湧かないことに変わりはなかった。

「私の授業の内容は、ソルボンヌのものと同じです」という川本先生のフランス語史の授業は、レベルが高くて、とてもついていけなかった。

二年目のラテン語は、キケロの『友情論』とオヴィディウスの詩だった。これの予習はかなりきつかったが、それでも一息つけたと感じたので、思いきってギリシャ語を始めることにした。古典語は、インド・ヨーロッパ語の比較言語学を学ぶための、基礎知識だと思ったからだ。

意外なことに、先生は、学院で英語を教えてもらったあの古川先生だった。先生の本当の専門がギリシャ語であることを、この時初めて知った。授業に出て、それまで読めなかったギリシャ文字が読めるようになるのが嬉しかった。

同時に非常勤講師のT先生のサンスクリットもとったが、こっちのほうは、『実習梵語学』という古臭い本がわかりにくかったことと、文字もローマ字で、インド文字の「デーヴァナーガリ」でなかったことから学習意欲をそがれ、途中で投げ出してしまった。これは、動機が「なんとなく」の程度にとどまっていたことによる。

この頃の私は、卒業のために単位をそろえることなどすっかり忘れて、好きな授業しか出席しなくなっていた。そんな時、ソシュールの紹介者として知られた小林英夫先生が非常勤講師として教育学部で教えていると、友人が教えてくれた。当時東京工業大学の教授だった小林先生は、教育学部では言語学概論とギリシャ語を教えていた。もうひとつ、A・メイエの『歴史言語学における比較の方法』のフランス語テキストの購読を持っておられたように思う。

その全部を「盗聴」した。ギリシャ語は当時出版されたばかりの「岩波全書」、田中美知太郎著『ギリシャ語入門』がテキストだった。ギリシャ語の聴講者はSさんというよくできる女子学生と私の二人だけだったので、「盗聴」はすぐにばれてしまった。先生は笑いながら、いいよいいよ、と言ってくれた。

そんなある日のこと、大岡山の研究室の本の整理を手伝ってくれないかと言われた。これが先生と私の宿命的な出会いになろうとは、当時はまったく予想していなかったが、なんだか急に嬉しくなって、思わず「行きます」と言ってしまった。その時先生に買ってもらった定期券をいまだにしまってある。

小林英夫先生との出会い

小林先生の研究室は、大岡山の東京工業大学の正門の正面にある重厚な建物の二階にあった。廊下をまっすぐに歩き、一番奥の左角の部屋がそれだった。ずらっと並んだ研究室の扉には、宮城音弥、伊藤整などという名前があった。心理学者、文学者として学生にとってもなじみ深い名前である。工業大学なのに、すごい先生がいるもんだ、と感心した。

先生の部屋に入ると、右手に本棚があった。いっぱいに詰まった言語学の本が光り輝いて見えた。まるで、神殿の奥の holy of holies に足を踏み入れたような雰囲気に圧倒された。

「これを整理してほしいんだ」と先生が言われた。白い手袋でもしないと申し訳ないような気持ちがした。

「本はほこりがたまっているから、しょっちゅう手を洗ってくれたまえ。そうしないと、別の本がよごれるからね」

先生はえらく綺麗好きだった。コーヒーが好きで、いつもご自分でコーヒーを入れてくださったが、飲み終わったカップを洗っていると、側に寄ってきて、もっと丁寧に洗わなきゃだめだよ、といつも叱られた。

今で言えばアルバイトである。しかし、先生はいくらやるとも言わなかったし、こっちも聞きもしなかった。そんなことより、先生の側にいられることがえらく嬉しかった。ひと片付けすると、先生から言語学の四方山話を聞けるのが、バイト賃以上のご褒美だった。耳学問の醍醐味をその度ごとにしみじみと味わうことができた。雑談であっても、先生は、少しでも不確かなことになると、必ず辞書を引くか、参考文献を広げて説明してくれた。学問に対する厳しい姿勢を、私はここで学ぶことができた。

そのころ先生はＮＨＫの仕事とかで、イタリア語のオペラの翻訳にかかっていた。ちなみに、先生には既にアダ・ネグリの Stella mattutina（明けの明星）の訳業がある。ポリグロットの先生には、独・仏は当然として、イタリア語のほかにも、スペイン語、ポルトガル語、ロシア語、チェコ語など、ずいぶんたくさんの言語からの翻訳をされている。ビョルンソンの『アルネ』というノルウェー語小説の翻訳もあった。これは岩波文庫に入っている。どうやら英語がお嫌いのようで、英語からの翻訳はなかったと思う。

言語学者はかならずしもポリグロットである必要はない。しかし、言語学が実証科学である以上、できるだけタイプの違う言語を学んでおくことは、一般理論を理解する上でもきっと役に立つ、というのが先生の信念だったようだ。

一九五一年の春だったろうか、先生が突然「イタリア語を教えてやろう」と言い出した。学校へ行って教室でこの話をすると、以前、チョーサーの『カンタベリー物語』をテキストに、いっしょに中世英語の勉強をしたことのある英文のK君が、僕もやりたいと言い出した。

先生からもお許しが出た。喜び勇んで、二人で大岡山へ出かけた。「君たちのために本を買っておいたよ」と、先生は嬉しそうに三冊本のダンテの『神曲』を見せてくれた。

「これを秋からやるから、自分でイタリア語の勉強をしておきたまえ。自習には、オットー・ザウアーの *Conversation Grammar* がいいよ。これも買っておいたから読みたまえ」

ABCから教えてもらえると思ったからお願いしたのに、と文句を言っても、もう遅かった。しかたがないとあきらめ、四月から、イタリア語の自習を始める覚悟を決めた。

いざ勉強を始めてみると、同じ系統の言語だとはいえ、フランス語と比べ、ラテン語にずっと近い言語なので、まず単語が覚え易かった。動詞の活用などは、ラテン語の動詞の活用表の応用問題みたいで苦労はなかった。

夏休みいっぱいをかけて、とにかくなんとか文法をひととおりすませることができた。次は、いよいよ例のダンテである。幸いなことに、ダンテには訳本が腐るほどある。日本語訳も竹友藻風、山川丙三郎などいろいろあるし、英訳はロングフェローほかこれも数多い。そこであれこれの訳本を検討し、完璧な下調べをすませたつもりで最初の授業に臨んだ。

しかし、私の期待はまったく外れてしまった。その日、先生が最初に放った「残酷な」言葉を、私はいまだに忘れることができない。

「だいぶ勉強できたかね。テキストは僕が読もう。君たちは、下の注を読んでくれたまえ」

この言葉を聞いたとき、本当にぶっ殺してやろうかと思った。このテキストは、本文は一ページにわずか五、六行で、その下には、小さい活字で、気の遠くなるくらい詳細な注がついているのだ。これを読めだと。冗談も休み休み言ってほしいもんだ。あきれかえって、物も言えない二人を尻目に、先生はNel mezzo del cammin di nostra vitaと、地獄編の第一歌を、朗々と読み始めたのである。地獄はこちらだ、とどなりたくなった。

筆まめな先生は、しょっちゅう葉書を下さった。ところが来る葉書は、いつも言葉が違っていた。これがまた楽しかった。日本語はめずらしく、英語は皆無。たいていはフランス語だったが、スペイン語のこともあった。ダンテ以後は、すべてイタリア語となった。葉書には、いつもボールペンで風景のスケッチがしてあった。もともと絵心のある先生だったが、時とともに、だんだんと腕が上がって行く様子が、素人目にもわかるようになった。それを見るたびに、こちらまで、先生と一緒に「成長」しているような錯覚にとらわれた。

先生はスイスの言語学者で近代言語学の基をひらいたフェルディナンド・ソシュール理論の翻訳紹介者として知られていた。この新しい思想を、なんと大学の三年生の時に発見して翻訳出版したのだという。底本は、ソシュールのジュネーブ大学での講義を、弟子たちのノートをもとに再構成したもので、『一般言語学講義』と題されている。これを先生は『言語学原論』と訳して岡書院から出版した。改訳版はのちに岩波から出ている。京城帝国大学の助教授時代、これにさらに手を加えて再改訂すべく膨大なノートを作ったのだそうだが、敗戦後引き揚げてくるとき、すべて任地に置いてきたのだと、口癖のように残念がっておられた。だから初めからやりなおしだ。こう言って、既に再改訳の作業を始めていたようだった。

小林英夫先生と

先生の仕事には、ファンがいた。文部省で国語教科書の担当だったO先生。自由学園のY先生。満州語が専門のU先生。こうした先生方を集めて、読書会を始めることになった。私がその世話役をおおせつかった。会は夕方に開かれることから、「ソアレ」と呼ばれた。後の大学紛争時代にはやった「自主ゼミ」の原型がそこに形成された。

最初のテキストに選ばれたのは、ソシュールだった。先生の改訳版を、原本とつきあわせながら、一行一行読んでゆくのである。読み終えると、先生の解説が始まる。これが滅法勉強になった。翻訳のあるべき姿を教えられたこともさることながら、まず、ものを考えるという習慣を徹底的に訓練される場がそこにあった。

ここでの討論をもとに、先生はノートをとり、再改訳を進めていった。読み終わるのに、二年かかっている。再改訳本ソシュールは、改題して『一般言語学講義』として岩波から出版された。「石井学兄恵存、小林英夫」という署名入のソシュールの『講義』は、今も私の書棚の上にある。

「小林学校」にいりびたっていた私にとって、「わせだ」は次第に遠い存在になっていった。授業にはほとんど出なかった。将来、どうなるかということはまったく考えたこともなかった。ただ、ラテン語、フランス語、イタリア語から始まって、夏のスペイン語講習にも出るといった生活を続けているうちに、自分の進む方向は「ロマン語比較言語学」なのかな、などと思ったりしていた。「ロマン語比較言語学」というのは、ラテン語が歴史の中で変化し、それがイタリア語やスペイン語やフランス語へと変化していく状況を研究する学問である。

そんなある日のこと、先生が、「君はあまり人のやっていないアジアの言語をやったらどうだ」と言った。「さもないと、語学のデモシカ先生になるおそれがあるぞ」

言語学をやる気なら、途中で語学の先生に転身することもできるような言葉をやるなということだ、と解釈した。退路を断て、という助言だなと思った。しかしそれならどうすればいいのだ。「なんなら、つきあってやるよ」先生はこう言うと、大学書林の『マレー語四週間』を取り出して、これをやろう、と言った。さっそく先生と二人で、マレー語の「独学」が始まった。これまでかじってきたヨーロッパの諸言語とはまったく違う言葉の姿がそこにあった。

マレー語は面白かったが、少し進むうちに、どうせアジアの言語をやるなら読めない文字で書いてある言語の方がいいのではないかと思った。それには独学は無理なので、外語に行って勉強しなおそうかと考えた。すると先生は、「それなら、外大で言語学を教えている徳永君を紹介するから、相談してごらん」と言った。「徳永君」とは、ハンガリー語が専門の徳永康元先生のことである。

すぐに、大久保の駅に近い徳永先生のお宅を訪ねた。長身の先生は、こころよくこの無鉄砲な若僧を迎え、親身になって相談に乗ってくださった。

「外語は言語学をやるのに最適の場所とは言えないけれど、シャム語には松山納君という東大の言語出身の先生がいるから、外語へ来るならシャム語がいいかもしれないね」

先生のこの言葉を聞いて、それならシャム語というものをやってみようかと考えた。

私は、もう一度、昔に帰って受験勉強を始めることにした。わせだの方はすでに学年だけは四年生になっていたはずだが、ぜんぜんご無沙汰していたのでわからない。そのうち大学から月謝を納めないと除籍になるという警告が来た。これを見た母は驚いて、どうするつもりだと聞いた。月謝を納めたところで、ほとんど単位はとっていないのだから、四年で卒業することはとうてい無理だった。

「外語を受け直すことにしたから、わせだの方はもういいよ」母にはこう言って、甘んじて除籍処分を受けることにした。そんなことで、私の履歴書は、いまだに一九四七年から一九五三年までが空白である。

後日談になるが、古川清風先生から早稲田の推薦校友に推薦していただいた。この話を聞いた「早稲田学報」の編集部から、なにかエッセーを書かないか、とお誘いを受けた。タイトルは「履歴書の空白」にすることにした。単位にもならず、卒業証書にも結びつかなかったけれど、履歴書に書けない早稲田の六年間は私の人生の最大の修行期間であり、人生のよき師との巡り会いを与えてくれた早稲田には心から感謝している、と書いた。

六年間の「浪人生活」のあとの外語受験は無事成功して、めでたく東京外国語大学外国語学部第七部第三類の学生になった。一九五三年四月のことである。その時、私は既に二四歳になっていた。しかし、五歳も年の違う級友たちと学ぶ新しい言語は新鮮で、毎日が楽しかった。針金細工のようなシャム文字は、別世界の扉を開く鍵のように見え、ドイツ語のひげ文字やギリシャ文字を習った時以上の喜びを感じることができた。

松山納先生と

タイ語は声調言語で五つの声調がある。同じ「マー」という音節でも、声の上げ下げによって「来る」意味になったり、「犬」になったり「馬」になったりする。先生の発音を真似しながら、これは一筋縄ではいかないぞ、と思った。

第二語学にとった中国語も、シャム語同様の「声調言語」だったので、まったく違和感を感じなかった。清朝時代の官人服が似合いそうな包先生の「チエーシーシェンマ」という大きな声が、その微妙な声の高低とともに、今でも耳にこびりついている。

松山納先生は、「六浪」してまでシャム語をやろうという「奇特な」学生にとびきり親切にして下さった。なにしろ当時のシャム語学科は、第二、第三志望の学生がほとんどだった。そこへ久々に第一志望の学生が入ってきたのである。私の言語学志望を知った先生は、授業以外にも、シャム語とその親縁のタイ語諸方言に関する研究論文を読むようすすめてくださった。私も先生の期待に応えようと一生懸命勉強した。

ひとつ問題を感じたのは、当時のシャム語科のスタッフは、歴史が専門のK先生を除くと、タイ滞在の経験者はひとりもいなかったことである。

どうしても本物のシャム語に触れたい。こう考え始めると、なんとかして留学したいという思いが日々募って行く自分を感じるようになった。しかし当時は、現在のように、国費による留学制度もなかったし、第一、日本から海外に出るということさえ、簡単にはできない状況だった。

そんな頃、外務省のAさんの知遇を得ることができたのは、その後も続く私の人運の良さの始まりだったと言わなければならない。Aさんは、外務省留学生の出身で、たいへんな篤学の士だった。Aさんの持っている、タイについての情報のびっしりつまった大学ノートにはいつも感心させられた。「シャム」という言い方は、もう古い。国名は一九三九年にシャムからタイに変わっているのだから、言葉もシャム語ではなく、タイ語と言うべきだ、と教えてくれたのもAさんである。

その頃の外務省には「外務省留学生」という制度は廃止されていた。ただ「外務書記試験」というのが残っていた。専門の外交官になるには適当ではないが、外務省へ入って外国勤務をするのが目的であればこれでもいい。明確な制度ではないが、合格者の中から毎年何人かが「特殊語」の研修のため留学しているという情報も教えてもらった。そこで外語の授業の方はそこそこにして、早速外務省の受験勉強にとりかかった。

とはいっても、これまで受けた教育は文学部系のものばかりで、経済学や法学はまったくやったことがない。そこで参考書を教えてもらって、あとはまったくの独学。教科書を丸暗記して試験に臨んだ。一九五四年の秋であった。試験場は東京の中央大学。一五人取るというのに、一五〇〇人もの受験者があった。私は当時二年生だったが、受験者の多くはいわゆる新卒だった。この年が不況であったことも、学生の公務員志向と関係していたのかもしれない。

「駄目もと」と思った試験だったが、一次は無事合格。二次の試験でタイに行きたいと言うと、ひとりの試験官が、当時新聞で問題になっていた「黄変米」をタイ語でなんというのかという質問をした。わからなかったので「イエローライス」ですと答えておいたが、これは合否と関係なかったらしい。

「外務事務官に採用する」というザラ紙の通知が来たのは、翌一九五五年の正月だった。いよいよタイが近づいたぞ、と思った。これが、すでに二六歳になっていた私の、人生再出発の始まりであった。

外務省暮らし

一九五五年四月一日。一五人の同期生は、当時田村町の日産館にあった外務省の門をくぐった。人事課長からひとりひとり「外務事務官を命ず。七級一号俸を給す」と書いてある辞令が渡される。給与は六六〇〇円であると知った。一ドル三六〇円の時代である。換算すると一八ドル何がしかになった。いかんせん少ない。いくら物価の安かった当時でも、これではとても生活できなかった。学生結婚のため、会社勤めを続けていた女房の給料の、半分よりちょっぴり多い程度だった。

しかし心得たもので、その人事課長は、新入省員たちに型通りの訓示を垂れてから、「しかし、日本国政府は、君たちにこれだけの給与しか払うことはできない。だから、勤務時間外にアルバイトをすることは認めよう」と言った。公務員の兼職禁止がやかましく言われるようになったのは、日本国政府が企業なみの給料を払えるようになってからの話である。

友人のアメリカ人に外務省に入れたと報告すると、“Oh! great”と祝福してくれた。「給与は一八ドルだけどさ」と私が言うと、「悪くないじゃないか。まさか、週給じゃあるまい、日給だろ」と彼。「ちがうよ、月給だよ」。陽気なアメリカ人は、絶句した。

配属されたのはアジア局第四課。いわゆる「政務局地域課」で、インド、パキスタン、ネパール、セイロン、ビルマ、タイ、マレーシアを担当する課だった。今の基準で見ると、妙な組み合わせに聞こえるかもしれないが、要するに、アジアの英連邦諸国とタイを担当した課と考えればいい。

胸につけた外務省のバッジがまだ気になっていた入省二日目。突然、首席事務官から、君はこれから帝国ホテルへつめてくれたまえ、と言われた。当時、「特別円問題」の交渉のために、タイの外務大臣ナラティップ親王が、随員と共に来日中で、その宿舎が帝国ホテルだったのである。特別円問題とは、戦時中、日本がタイから借りて発行した特別円債務の残額一五億円をいくらに換算して返済するかという交渉である。入省したての新米外務省員にとっては、いきなりひとり世間に放り出されたような気持ちで、心細い限りだった。

フロントで部屋をたずねて、外務省控室に行くと、先に来ていた先輩のYさんから、「ちょうどよかった、石井君、これを、至急次官室に届けてくれたまえ」と言って書類を渡された。一瞬、どちらの次官だろう、と迷った。次官には事務次官と政務次官の区別があるはず。聞くは一時の恥と、おそるおそる尋ねると、「事務次官に決まってるだろ！」と一喝された。政務次官は代議士さんで、省内では別扱いだと言うことを、この時初めて知った。

Yさんは、タイ語の留学生出身で、戦時中、バンコクのタマサート大学に留学した経験を持ち、タイ語はぺらぺらである。タイ大使館から電話がかかってくると生き生きするY先輩の顔を横目で眺めながら、いつになったらあんなにうまくなるんだろうと思ったものである。

心優しいYさんの後輩教育は徹底していた。公信の起案の仕方からファイルのための書類の穴の開け方にいたるまで、文字どおり手とり足とりで教えてくれた。書類を綴じる時は、穴を中央に開けないとファイルの背が揃わないので注意しろとか、ファイルしたら必ず目次に新しい書類の件名を書き加えておかないと、あとで所在がわからなくなって困る等々、仕事の手順を具体的に覚えられたのはYさんのおかげである。

一九五五年は、東南アジアからの国賓ラッシュの年だった。タイのナラティップ外相が、「特別円協定」を結んで帰国すると間もなく、こんどはピブン首相が大勢の随員を引き連れて来日した。この接遇を担当したのもアジア四課だった。私も忙しく飛び回った。

その時、大臣クラスの随員を銀座へ案内したことがある。東京は戦災にあって焼け野原と聞いていたが、どこが焼けたのか、と聞かれ、戸惑った。終戦後一〇年にして、銀座は既に蘇っていたからである。

しかし一九四七年の春、山形から上京した時に見た銀座は、戦災の傷跡がまだあちこちに残っていた。そればかりか、銀座四丁目の交差点の交通整理をしていたのは、日本の警察官ではなく、ヘルメットをかぶった長身のGIだった。手にはめた真っ白な手袋をひるがえして自動車の流れを見事にさばくGIの姿は、まさに敗戦の象徴であった。それから一〇年足らず。タイの国賓を迎えた銀座からは、敗戦の傷痕はすっかり消えていたのである。

立て続けに外国の国賓を迎え、「接客業」にもだいぶ慣れたと感じ始めたころ、今度はビルマから、ウーヌー首相夫妻が、国賓として来日することになった。これは隣の机のビルマ班の担当なので、小生は無関係と高みの見物を決め込んでいた。近代官僚制では分業が原則だ。ところが担当官のKさんが石井君を貸してくれと、課長に掛け合っているのが耳に入った。「そうだな、彼は要人接遇の要領も大分覚えたようだし、ビルマ班はひとりで手が足りない。いいだろう」という鶴のひと声が下った。

そんな次第で、またまた空港、ホテルの間を飛び回るJTB的生活が始まった。ウーヌー首相のお世話をして感じたことで今でも印象に残っているのは、ウーヌー夫妻とピブン夫妻の態度の違いである。フランス留学生出身のピブン首相は、ライエット夫人に対してなにかと西欧的気づかいを見せていたのに対して、ウーヌー夫人の方は後ろを振り向きもせず大またに歩く首相のあとにつつましくつき従うといった具合で、これは若い時の体験の違いなのか、それとも民族性の違いなのか、興味が引かれた。

こんな調子で、あわただしくも刺激に満ちた役所生活を送るうちに、あっという間に九月になった。九月からは、外務省研修所に入って、六ヵ月の研修が始まる。当時の研修所は小石川にあった。建物は、東大の東洋文化研究所と、半分半分に使っていた。

同期生は二クラスに分けられ、私のクラスは六人だった。研修の内容は、英語の運用能力の向上が中心で、講師には、英語のさまざまな発音に慣れるようにとの配慮から、英国人の男女、米国人の男女、二世の女性など、豊富な教授陣が揃っており、さすが外務省と感心した。

毎日、各人にジャパンタイムズがくばられ、毎週ニューヨーク・タイムズの週刊版と、タイムとニュースウィークが渡された。

「君たちにはひとり一五万円がかかっているんだ。しっかり勉強するように」元総領事という長身の指導官は、口癖のようにこう言ったものである。

最初の頃は、すごいすごいと喜んでいたのだが、だんだんと横着になり、冬場に入る頃には、配布された教材のいくばくかが、しばしば、ダルマストーブの火勢を強めるのに役立てられたことを告白しなければならない。

研修所の英語教育のレベルは、これまで学んだいかなる授業よりも充実していたが、中でも学習院大学のブライス先生の授業が面白かった。ブライス先生には、四巻本の *Haiku* ともう一冊 *Senryu* という著書があった。先生は、九〇分の授業を二つに分けた。前半は発言者の言い間違いを逐一指摘するが、後半に入ると、間違いを気にせずに、自由に議論させるのである。

そうした議論の中で、ある日私は先生に向かって「日本人にユーモアのセンスがあると思いますか」という質問をした。すると、先生は急に真面目な顔になり、"Do you ask this question humorously or seriously?" と言った。答えに窮して、あわててとんちんかんな答えをしてしまった。先生の返答の内容はどういうわけか記憶がない。ただ、先生のこわい顔だけが、いまだに頭にこびりついている。こういうのを sense of humour というのかと思った。

われわれのクラスは論客ぞろいで、毎回、議論がはずんで楽しかった。卒業を真近に控えた最後の授業のとき、部屋を出ようとした先生は、「このクラスは実に impressive だった」と言われた。その後ろ姿をよそ目で見ながら、皆で顔を見合わせ、なんとなくにやにやしていると、急にもどってきた先生は部屋をのぞきこむなり、「毎年言っているわけじゃないよ!」と言ってにやっと笑った。最後までユーモアのセンスの光ったブライス先生の授業だった。

研修生活の最後は、京都旅行でしめくくった。その旅行の途中、同期生のひとりが人事課から呼び出された。今年度中にビルマへ留学することが決まったのだという。いよいよ、私もタイへ行けるぞ、と思った。

四月一日、研修を無事終了した私は、再びY先輩のいるアジア四課に復帰した。ところが、元のデスクにもどったものの、課長の様子がなんだかおかしい。

「君は官房長付になるらしいぞ」とY先輩がささやいた。冗談じゃない。あこがれのタイ留学が目の前にぶら下がりはじめたというのに、なんたることだ。

「いや、これは君のためなんだ。しばらくがんばってこい」こう課長に励まされても、気は重かった。タイへ行くために外務省に入るという選択は、間違いだったのだろうかと、一瞬憂鬱になった。

しかし親のおかげか、生来オプティミストの私は、すぐあきらめた。くよくよしてもしかたがない。道はいつかまた開けるだろう。いや、必ず開ける。

留学を命じられたという三人の同期生が、喜々として、当時はまだ珍しかったトラベラーズチェックを見せに来ても、私はそれほどうらやましいとも思わず、机の引き出しをかたづけると、早々に官房長室へ引っ越した。

K官房長は、実に穏和な人物だった。結局、官房長付というかばんもち業を、丸一年やることになるのだが、今振り返ってみると、アジア四課にいたのではできないさまざまな経験を積むことができたのはよかったと思う。官房長という職種は、役所のあらゆる書類に目を通す役目だ。当然のことながら、付たる者、上司が仕事をしやすいように、書類を整理しておく責任がある。そうした作業を繰り返すうちに、役所の機能を自然とのみこむことができるようになった。後年、マックス・ウエーバーの近代官僚制論を読んだとき、その所論を具体例で確認しながら理解することができたのは、一年間を過ごした官房長付の経験のおかげだと今でも感謝している。

日々の仕事に追われているうちに、はじめに感じていた無念残念という気持ちも、いつしか薄れていった。持ち前の楽観主義から、どういう経過をとるかはわからないとしても、いつかタイ行きの日がめぐってくるという確信が心の底に残っていたからだろう。

忙しい予算の時期も過ぎ、確か二月ころだったと思う。ある日、K官房長から、ちょっと部屋に来いと呼び出された。書類を届ける時以外には、入ったことのない部屋に呼ばれ、いったいなんだろうと怪訝な顔をしていると、官房長はにこにこしながらこう言った。

「今日まで、ずいぶんとよく働いてくれた。ご褒美に、君の行きたいところへやってやろう。言ってごらん。ロンドンか、ワシントンか」思いもかけぬ官房長の言葉だった。

「タイの留学生にしてください。バンコクで勉強したいんです」という言葉が思わず口をついて出た。

た。

「ええっ？　バンコクへ行きたい？　留学生？　君は欲がないんだね」

欲がないどころか、大ありのこんこんちきだ。「お願いします」とぺこりと頭を下げて退席した。

それから一月あまりたった四月一日。人事課に呼ばれた。手渡された辞令には、「在タイ大使館勤務を命ず。外務省留学生を命ず」と書いてあった。やった、と思った。二七歳になった私に、再出発の時がようやくめぐってきたのである。

第2章　ノンキャリ、タイへ

タイ留学時代

ドンムアン空港に到着した日は、暑季の真っただ中だった。飛行機の扉が開くと、迫力のある熱気が、全身にぶつかってきた。一歩一歩、タラップを踏みしめながら、タイの大地に立った。いよいよ本番だ、と思わず身構えた。

降りた客が何人いたのか、記憶がない。でも、それほど大勢でなかったような気がしている。当時、外務省は外務書記には外交旅券を支給してくれなかったので、税関では鞄を隅から隅まで調べられた。調べ終わったとき、相客はもうひとりも残っていなかった。

少々心細く思いながら、税関を出ると、「ごめん、ごめん、遅れた、遅れた！」と言いながら、なつかしいY先輩が走ってきた。その姿を見て、助かった、と思った。

当時の日本大使館は、サーラデーンという小路の中にあった、木造二階建ての民家の借家である。隣家の台所が二階の踊り場から丸見えという、大使館らしからぬのどかなたたずまいに、なんとなく親しみを持った。

着任の挨拶をする参事官の手があくまで、その踊り場からぼやっと隣の裏庭を眺めていると、隣家の勝手口から、若いタイの女の子が現れ、いきなり水浴びを始めた。思わず欄干から身を乗り出して、じっと見つめた。ふくよかな胸に巻きつけた布のあいだに手を入れて、特大のフィンガーボールのようなアルミ製の容器で、大きなかめから水を汲んでは、身体にかけて洗っている。器用なもんだ。思わず見とれていると、不意に後ろからに肩をたたかれた。はっとして振り返ると、Y先輩がにやにやしながら立っていた。

「いつまで見てても、裸は見られないよ。参事官が空いたから、早く行って、挨拶をすませてこいよ」

タイ人の女性は水浴びをする時でも絶対に人に肌を見せないということを、そのとき初めて知った。こうして軽いカルチャーショックとともに、タイ生活が始まった。暑さは、もう、それほど気にならなくなっていた。

大使館勤務についたばかりの元留学生Aさんのおかげで、下宿先はすぐに決まった。バンコクの西北隅、国会議事堂の北側を東西に走るナコンチャイシー通りに面した豪邸、サームセン家の、サーバントコーターの三階の一室がその落ち着き先である。

サーバントコーターといっても、東京のわが家よりはるかに大きい。部屋も、優に二〇畳はあった。ベッド、勉強机、それにプライベートなシャワールームが付いている。これだけあれば完璧だ。その上に、洗濯など、身のまわりの世話をするように、スピンという高校一年生の男の子までつけてくれた。親切なメーバーンの心づかいだった。

その家で「メーバーン（主婦）」と呼ばれる婦人は、年のころ四〇歳あまり。この家の家事一切をとりしきる人物だった。まめまめしく働く小間使いの子供たちは、メーバーンの前ではびくびくしていた。

サームセン家の先代は、故マンコン・サームセーン、一九三二年の立憲革命後のタイの政界で活躍した著名人である。その長女のブンクワさんがこの家の当主だった。まことに温和な性格のご主人は、ニワットさんといった。

サームセン家の広大な敷地は、四つに仕切られており、ブンクワ家はその西北隅を占めていた。すぐ裏は次女のカニターさん。隣は三女のキンさん。一番奥には長男のサコーンさんが住んでいる家があったが、この人はブンクワさんの経営するウドン県の砂糖工場の責任者だったので、時々しか顔を見せなかった。

サームセン家は、いわゆる女系家族である。姓は四軒が四軒とも違うのだが、女性を通じて全家族がひとつにまとまっており、ひとたびクーデタのような緊急事件が起こると、全員が長女の家であるブンクワ家に集まった。ちなみに私の留学中、クーデタが立て続けに二回も起こったが、

下宿先のサームセン家。2階右の部屋が私の部屋。

そのつど、ブンクワさんを囲んで家族会議が開かれ、情勢を判断していたようだった。

出先から帰ってくると、母屋とサーバントコーターの間の、テレビの置いてある吹き抜けに、品の良い老婦人がいつも座ってなにかと指図をしていた。家の使用人たちは、その婦人のことを「ナーイ」と呼んでいた。ナーイはたしかミスターのはずだがと、はじめは怪訝に思ったが、この言葉にはもうひとつ、ご主人という意味があるので、たぶんその意味で使っているのだろうと思った。スピンに聞くと、老婦人はマンコン・サームセンの未亡人だという。

そのナーイ、ブンクワさん、ニワットさん、カニターさん、キンさん、そしてメーバーン。私のタイ認識は、最初の日に出会ったこの六人のタイ人によって、決定されたと言える。タイ語に「ニー・ブンクン」という言葉がある。「ブンクン」つまり「恩」

の、「ニー」すなわち「負債者」という意味だ。「義理がある」という表現がこれに近い。今では、メーバーンひとりを除いて、全員が他界してしまったが、この人たちから受けた数々の恩は、今もって忘れることができない。

二年前、久々にブンクワ家を再訪したとき、痛風の足をひきずりながら出迎えてくれたメーバーンは、「クン・イシイ。ちょうど良いところへ来た。これからニワットさんの葬儀に行くところだ。一緒に焼場へ行こう」と言った。悲しい偶然の知らせに驚いたが、迷わずお供することにした。

斎場には、スピンをはじめ、むかし面倒を見てくれたなつかしい「子供たち」の顔が見える。みんな「おじん」「おばん」になったものだと思った。タイには、遺体を焼く釜に、参会者が小さく切った「薪」をひとりひとりくべていく風習がある。真っ赤に燃える釜の前に立って、火の中に手渡された「薪」を投げ入れたとき、涙がとめどなくあふれて止まらなかった。思わず「ありがとうございました」と言って合掌した。

日本にいた時から、留学先はチュラロンコン大学の文学部と決めていた。たいていの外務省留学生は政治学部へ行くのだが、なぜ君は文学部なのかと、出発前、上司に聞かれたが、タイ語をみっちりと勉強したいので、と適当にごまかした。本音は、タイでも言語学の勉強を続けたかったのである。だから、チュラーでも言語学関係の科目は、全部取ることにした。

文学部の建物は、一見寺院風で、キャンパスの中でももっともタイ的な建築物と言える。天井が高く、しかも窓なしのあけっぴろげな構造だったので、扇風機やエアコンがなくても、吹き抜ける風だけで結構涼しく、暑さはまったく気にならなかった。

文学部は学生数六〇〇。そのうち男子学生は一〇〇名に満たなかった。それに男の子はよくさぼった。さっそく「カドート・ロム」（落下傘で降下する＝さぼる）というスラングを覚えた。そうなると残るのは当然のことながら女子ばかり、そこは、まるで「女護が島」だった。

チュラロンコン大学文学部

「わかったよ、君が文学部に執着したわけが」ある日、指導官として、私の勉強ぶりを見に来たY先輩は、自動車のエンジンをかけながら、こう言うと、「いいか、日本人とつきあうんじゃないぞ。用のないかぎり、大使館へ来るな」と言って、去っていった。

チュラーの授業は、はじめ、ほとんど聞き取れなかった。そこで、しばらくの間、毎日、家庭教師について勉強し、耳を慣らそうと思った。このことをブンクワさんに話すと、それじゃ隣のカニターに習えばいい、と言った。

カニター・ウィチエンチャルーン。のちにタマサート大学の学長となり、現在なお外交官として、ユネスコのタイ代表をつとめているアドゥン・ウィチエンチャルーン博士の夫人である。欧米の留学経験があり、英語、フランス語に堪能。絵に書いたようなインテリ女性であった。この人から、一日びっしり二時間。毎日二年間にわたってタイ語をしこまれた。この時の経験が現在の私のタイ語知識の基礎となっている。カニターさんは、本当の意味での私のタイ語の師であった。

はじめのころ、意思の疎通は、もっぱら英語に頼った。「どんな勉強がしたいの」という質問に、いささか格好をつけて、『クンチャン、クンペン』が読みたいんですが」と、思わず口走ってしまった。アユタヤ文学の傑作と言われる作品である。すると意外な言葉が返ってきた。

「クン・イシイ、あなたは本気でタイ語をやる気？　それとも、お遊び？」

失礼な。本気とはなんだ。そのために、これまで苦労して待ったんだ。いささか憮然として「もちろん、本気ですとも！」と英語で答えた。

「そう。それならこの字を発音してみてちょうだい」と見せられたのは、なんと子供の絵本である。本の絵の横に、大きなタイ字でnangsuと書いてあった。

馬鹿にするな、と思いながら、おもむろに「ナンスー」とやった。発音にはいささか自信があった。こちとらは音声学の訓練を受けてきたんだぞ。文句あるか。

「だめ。もういちど」

「ナンスー」

「だめ、全然駄目」

あれぇー、どこが悪いんだろう。

「ナンスー」

「駄目、もういちど!」

焦った。どこが悪いのか、さっぱりわからない。なんだか段々と自信がなくなってきた。おかしい。こう思うと、発音する勇気が次第に萎えていく自分を感じた。

「Why not trying from the beginning? (初めから、やり直してみない?)」

意気消沈し切った私の顔を見て、カニターさんはこう言った。ついさっきI am seriousと胸を張ったばかりだ。お願いします、と言わざるを得ない。

すると、カニターさんは、小学一年生用のタイ語アルファベット表を持ち出して、「コー・カイ(『にわとり』のK)」とやり始めたではないか。よおーし、こうなったらやるぞ。私は思いきり大きな声で、「コー・カイ」と叫んだ。

「Good!　できるじゃないの」

褒め言葉さえ、なさけなく耳に響く。でも、やらなければならない。

「コオー・カイ」

「その調子」

こうして四四文字のおさらいを「『ふくろう』のH」まですませた時、時計は既に二時間をだいぶ回っていた。昔聞いた「なにも知らない人が一番教え易い」というドイツ語の先生アルマさんの言葉が、ひさびさに脳裏に蘇ってきた。

チュラーの思い出

そのころチュラーの文学部には、「タイの柳田国男」と言われた民俗学者アヌマン・ラーチャトン先生が出講していた。先生には、『言語学講義』という二巻本の教科書がある。タイ語で書かれた初めての言語学教科書だと思う。先生がそれを講義で使うという話を聞いて、教室の一番前に陣取った。

アヌマン・ラーチャトン先生の講義はまことにユニークである。一本のチョークを指にぶらさげて、教室に入ってくるなり、いつもこう切り出すのだ。

「今日はなんの話をしようかな。君たち質問はないか」

その頃のタイの学生はみんなおとなしかった。質問などだれもしようともしない。先生に言われたとおり、懸命にノートをとるだけだった。

「質問がない。ということは、君たちは、なんでもみんな知っているというのかね」

そう言うと、先生は矢継ぎ早に学生を指差して、質問を浴びせかける。答えられないでどぎま

下宿先の自室で

ぎしている学生に向かい、先生は皮肉っぽくいつもこう言うのだった。

「それごらん、わからないことがたくさんあるじゃないか」

そんなある日の授業で、私は心臓にも手を上げてしまった。実は前の晩、予習にと思い、先生の教科書を眺めていて、誤植と思われる文字を発見していたのである。それは比較言語学の初歩を学んだ者であれば誰でも知っている「Vernerの法則」の対照表だった。

「この表のPはDで、HはBじゃないでしょうか」

言い終わるやいなや、学生たちの非難の視線が私に向かって一斉に浴びせかかってきたのを感じた。当時のタイの学生にとって、先生の誤りを指摘するなど狂気の沙汰と思えたのだろう。猪突猛進に過ぎたかな。時すでに遅し。私は審判を待った。

するると先生はページをめくりながら、こう言った。

「どれどれ、あーこれは誤植だな。ありがとう」

頭から一度に血が引く思いだった。その後で耳にした先生の言葉を、私は一生忘れないだろう。

「外国人の石井君が疑問を持ったのに、どうして君たちは変に思わなかったのかね」

その「事件」をきっかけに、アヌマン先生は、私のことを「ルークシット・ジープン（日本の弟子）」と呼んで、なにかと目にかけて下さるようになった。


それから何年もたってからの話。王宮前の広場を歩いていたとき、偶然、学士院の会議かなにかに出席した帰りのアヌマン先生にばったり出会ったことがある。「やあ石井君」と覚えていていただいただけでも感激なのに、先生は私を捕まえるなりこう言った。

「いま中国の古典に凝っている。ルー・マイルー・ルー、マイルー・マイルー・マイルー。わかるかな？」

いささか奇妙なタイ語だが、直覚的に私は、これは論語学而編の一節「知之為知之、不知為不知、是知也」のアヌマン先生流の解釈だと感じた。つまり、自分が知らないということを知っている人は、知る人である。その反対に自分が知らないということを知らない人は、何も知らない人である、という教えである。

この言葉を聞いたとき、何十年たっても変わらぬ、アヌマン先生の好奇心の強さに深く感銘した。この変則的なタイ語は、今も私の記憶の底にこびりついて離れない。

サンスクリットのチラユ先生の授業は、教科書がペリーの『サンスクリット初歩』という英語の本だったのが気に入った。この本では、以前、途中で投げ出してしまった古風な「梵語教科書」と違い、デーヴァナーガリ文字が使われていたからだ。

早稲田で捨てたサンスクリットを、チュラーでもう一度、学び直すことになった。これでようやくインドヨーロッパ語比較言語学に必修の古典語を三つ勉強できることになると思うと、それだけでも留学のしがいがあったと、予習にも身が入った。

チラユ先生という方は冗談好きで、授業の半分くらいは雑談だったが、その雑談を通じてタイ人のインド観を知ることができたのは、予想外の収穫だったと思う。

中でも面白かったのは、タイ人の頭の中では、サンスクリット語に象徴される高度な古典インド文化と、みすぼらしい格好で頭にピーナッツを入れた籠を乗せて町を売り歩いたり、ターバンをつけてホテルの門番をしている現実のインド人とが、まったく無関係に認識されているという事実を知ったことである。これは、「唐詩」や「四書五経」を通じて知った古典中国と、日中戦争中に平均的日本人の抱いていたゆがんだ「シナ人」観の間に見られた乖離と似ているなと思った。

ある日のこと、チラユ先生の授業が、突然休講になった。なぜ、と友達に尋ねると、「先生は今から三ヵ月、ボアットするんだよ」

「ボアット」という言葉はこれまで聞いたことがなかったので、初めは分からなかったが、友人の説明で、「出家」という意味だと知った。タイには昔から、男子は一生のうち一度は剃髪して黄衣をまとう出家生活をしなければ一人前とは言われないという習慣があり、その習慣は現在でもまだ生きている。「ボアット・リエン・ミー・ルアン」（出家して学んで所帯を持つ）ということわざもある。出家経験のない男は、「コン・ディップ」つまり「未熟の人」として、昔の女性は結婚を厭ったという。

それからしばらくたったある日のこと、数人の比丘《びく》（僧）たちと一緒に、クリクリ坊主のチラユ先生が、チュラーにやってきて、講堂にしつらえた仏壇の前で、数人の僧の末席に座ってお経を上げた。級友たちは、みな神妙な顔で合掌していた。

チラユ先生の出家中、代講にやって来た先生は、インド人のバラモンだった。白衣をまとい、ちょんまげのような頭をしたこのバラモンが、胴間声のインド英語で教えてくれたサンスクリットの授業は、なかなか面白かった。

サンスクリットには“yatha.....tatha....”（なになにのように、そのようになになに）という対句表現がよく出てくる。このバラモン先生は、教室に入ってくるなり、例の大声で、「雛鳥が、親鳥のくちばしを見るように、そのように弟子たちは、師の口を見る!」と叫んでから、サンスクリットを口ずさむのを常とした。なるほど、こうした発想法はインド人にとってはごく普通のものなんだなと納得した。

ある日、アヌマン先生から、バンチョップ・パントゥメーター先生の話を聞いた。「優れた言語学者だから、一度たずねてごらん」と先生は言った。

権威主義のタイでは珍しく、バンチョップ先生は大学に席を持たなかった。なんでも、師範学校でタイ語の教師をしているという。その頃まだバンコクの町中をのろのろと走り回っていた市電に乗り、チャオプラヤー川の近くにある先生の学校を訪ねた。

バンチョップ先生はタイ語史の専門で、その頃、インドの東北部でアホムのフィールド調査を済ませて帰ってきたばかりだった。アホムはインドにいるタイ系の民族で、アホム語はすでに死語となってしまったが、儀礼の用語などにまだその残瑳が見られるという。インフォーマントとして、医学志望のアホムの青年を連れて帰り、面倒を見ているとも聞いた。

タイ語諸方言の比較に興味を持っている、という私の話を聞いて、それもいいけど、まずしっかりタイ語を勉強するように、と痛いご忠告をいただいた。

「よかったら私のクラスに出たら」という先生の言葉に従って、授業を聞かせていただいたことがある。授業の途中、みんなとは別の課題をわざわざ私のために作ってくれた。はずかしいことだが、難かしくてその課題には答えられなかった。やっぱり、もっとタイ語の勉強をしなくっちゃ、とまたまた深く反省させられたものである。

俺は言語学徒を目指しているのだ、などというそれまでの増上慢が、バンチョップ先生との出会いを契機として、次第に希薄になっていくのを感じた。無意識のうちに、心を閉ざしていた壁が崩れていくにつれ、タイ人の言葉が素直に耳に入ってくるようになった。

タイ語がわかるようになると、タイ人に囲まれた毎日の生活の楽しさが増してくる。チュラーでは授業ばかりでなく、学生たちとのおしゃべりにも熱が入るようになった。

一九五七年というと、日本の工業水準も現在ほどに高くなく、したがって学生たちの日本についての関心も、意外なほどに低かった。私が腕にはめている時計が日本製であると言っても、みんな半信半疑の様子なのに、いらいらした覚えがある。その後、日本製の腕時計が急にタイの市場に出回るようになり、セイコー・ブランドが「サイコー」とタイ語化されて、人々の口の端にのぼることが多くなったことを考えると昔日の感に打たれる。

「日本では自家用車は生産されているのか」と聞かれて、いばって「してるとも」と言えないで困ったことを覚えている。というのも、当時の日本車は、八〇キロも出そうものなら、ハンドルがガタガタして、身の危険を感じる程度だったからである。

チュラーでは年に一度、修学旅行がある。これは友達を作るいい機会になった。私の入った年の目的地は、バンコクから一〇〇キロあまり西にあるラーブリ県の洞窟だった。タム・チョンポンというその石灰岩の洞窟は、考古学遺跡として知られているのだが、私の記憶に鮮明に残っているのは、その洞窟ではなく、洞窟見学を終え、川のほとりに座って、昼の弁当を食べながら学生たちとだべっていた時に起きた一つの「事件」である。

ひとりの女子学生がやおら立ち上がり、靴を脱ぐと、それを右手にぶらさげて川の中へ入っていったのである。暑さしのぎに足を濡らせに行ったのだろうと、何気なく見ていると、どんどんと深みに入ってゆく。水かさは膝に達し、スカートのすそを濡らしはじめていた。それでも彼女はかまわず進んでゆく。私はぎょっとした。洋服の濡れるのも一向に気にならない様子で、彼女は更に深いところへと歩みを止めないではないか。一体なにをする気なのか。気でも狂ったのかと、いささか心配になっていると、水がお腹のあたりに達したあたりでようやく歩みを止め、両手で水をすくって顔を洗った。そしてなにごともなかったのように、岸にもどったのである。

彼女は、水のしたたる洋服を脱ごうともせず、岸辺に腰をおろして友人とおしゃべりを始めた。

夏の太陽の日差しはまことにきつい。びしょびしょになった彼女の洋服も、一〇分もしないうちにすっかり乾いてしまったようだ。その間、表情をいささかも変えなかった彼女の姿を、今もはっきりと覚えている。

この経験は、のちのちまで、私がタイ人と「水」の関係について考える時の原点となった。あの女子学生が服の濡れるのもかまわず入っていった水は淡水である。同じことを、彼女は、たとえばパタヤーの海岸でするだろうか。とてもそうとは思えない。水が淡水でないからである。タイ人は淡水との間に高度の親和性を持った民族だ、と私は考えている。一八二〇年代にバンコクを訪れた英国人医師フィンレイソンは、バンコクにおけるタイ人の生活を形容して、彼らはaquatic peopleであると書いた。直訳すれば「水の民」とでも言えようか。筆者は、チャオプラヤー川の岸辺に立ち並ぶ浮き家の列や、運河を縁どる高床住宅のたたずまい、そしてそこで水と戯れる子供や川に身を沈めて水浴を楽しむ住民の姿をまのあたりにして、こうした表現を思いついたに違いない。

タイ人は水の民ではあるが、海の民ではない。アユタヤという国は、海外交易によって成立した王国だが、その海運を担ったはタイ人ではなく、中国人であった。伝統的なタイの水軍は、チャム人（あるいはマレー人）とモン人によって構成されていた。江戸時代、「暹羅屋形仕出しの船」の名で長崎に入港したアユタヤからの商船は、例外なく中国人の運航した「唐船」である。荷主が国王であった場合ですら、タイ人の姿は船上になく、いたとしてもたかだか一人か二人に過ぎなかった。『唐船風説書』を読むたびに、その一人か二人のタイ人が、船上で、さぞかし心細い思いを味わったであろうと想像するのである。タイ人は、配下においた異民族の特性を生かすべを知悉している。

チュラーの留学は結局二年たらずだった上に、その間、次項で述べる「稲作民族文化総合調査団」に参加したり、梅棹忠夫さんの「大阪市立大学東南アジア生態学調査隊」に同行したこともあって、授業に出たのは正味一年半ほどにしかならなかった。しかし学生と親しく机を並べて勉強したことによって、チュラーの外や、本からでは得られない大きな収穫を得たように思う。

チュラーはタイのエリート養成校である。同級生の中から少なくとも二人の学長が出た。ほかにも社会の各方面で活躍した友人がいて、大事な人脈を作っている。留学冥利に尽きると言うべきだろう。タイ語では、ふつうの大学生は「ナックスクサー」と言うのだが、チュラーでは「ニシット」（弟子）という古風な言い回しを使って「ニシット・チュラー」と言う。こうした言葉に示された、若いタイ人エリートたちのメンタリティや関心の所在の実態に触れることができたのも、留学のおかげと言わなければならない。

稲作民族文化総合調査団

留学して六ヵ月が経過した時、日本民族学協会が戦後初めて東南アジアに派遣した「稲作民族文化総合調査団」という学際的研究グループが、タイにやってきた。調査団の幹事役を勤めた東京外語大の河部利夫先生から、フィールド・アシスタントとして、調査団の全行程に参加することを勧められた。なんでもメコン川流域の稲作文化を学際的に調査するのが目的だという。予定の行程は、カンボジア、ラオスを回り、東北タイを南下してバンコクにもどるというコースである。いすずのトラック二台、トヨタのランドローバーが一台、三菱のジープが二台という編成で、全行程を車で回る予定であった。これは東南アジアの地方文化と生活に触れる絶好のチャンスと思い、喜んでお引き受けすることにした。

団長は松本信宏（民族学）、副団長は八幡一郎（考古学）、幹事が河部利夫（歴史学）、隊員は、浅井恵倫（言語学）、岩田慶治（人類学）、長重九（農学）、浜田秀男（農学）、江坂輝弥（考古学）の諸先生と、若き日の綾部恒雄氏（大学院生）、そしてスポンサーの読売新聞社から三名の報道班が参加した。

一九五七年一〇月六日。この年は、例年より雨季の終了が遅かったため、雨が残り、大部隊の移動は予想に外れて、当初から難航した。なにしろ、戦後初めての「エクスペディション（探検）」（こんな言葉があった！）である。東南アジアについての一次情報が皆無だった当時において、頼りになるのは、松本団長が所蔵していた一九三〇年代に書かれたフランス語版の『ギッド・マドロール』と、戦時中交換留学生としてタイ国滞在の経験のある河部先生の土地感と交渉能力だけだった。

外貨の取得が法律で厳重に制限されていた当時の事情から、企業からの支援はすべて現物支給だった。そのため、二台のトラックはこうした「支援物資」でいっぱいだった。これらの「物資」の通関は、もっぱら大使館の仕事で、文化担当のA書記官を助けて私は税関の中を走り回った。お茶のような、なんでもないと思われていた日用必需品の「輸入手続き」がえらく面倒なことをこのとき身にしみて経験した。

とにかく、悪戦苦闘の末、なんとか通関を完了させて、バンコクを離れることができた。一行は、ラテライトのがたがた道を北上し、ヒンコンから東に向かって、ようやく国境の町アランヤプラテートに到着した。ここでいよいよタイを離れてカンボジアに入るのだから、記念に留守部隊の日本民族学協会に寄せ書きをしようということになった。八幡先生から君もなにか書きたまえ、と言われたので、「初めに荷物ありき　大使館石井米雄」と書いた。これが実感だったからである。

アランヤプラテートからしばらく無人の地を走行したのち、カンボジア側の国境の町ポイペットに到着した。ここで初めて入国手続きを体験する。私にとっては、生まれて初めて体験する国境越えである。いささか緊張した。タイは日本と同じ左側通行だが、カンボジアは仏領時代の遺制か右側通行である。われわれの車は右ハンドルなので、運転には少々神経を使う。左折するとき、ついつい右ハンドルの癖が出て、最初のうちはひやっとしたものである。

次の目的地は、アンコールワットのあるシアムリアップである。ポイペットの町を出てしばらく走るうちに、多難な前途を暗示するかのように、一台のジープのタイヤがパンクした。幸い、バンコクのトヨタから花岡さんという技術者が同行してくれたおかげで、さっそくタイヤの交換を行ない、なにごともなく走行を続けた、と言いたいところだが、実はパンクしたタイヤをどこかで落としたまま走っていたのである。そのことに気付いたのは、シアムリアップのホテルに到着したあとのことだった。どうやら、タイヤを交換するとき、パンクしたタイヤを一時的にジープの屋根に乗せたことを忘れて、そのまま出発してしまったらしい。悪路を走っているうちに、途中のどこかで落ちたのを気づかなかったのだ。

まあしかたがないとあきらめて、町に夕食に出ようと表に出ると、ホテルの前がなにやら騒がしい。見ると人だかりがしている。ボーイに聞いてびっくりした。なんと、落としたそのタイヤを見つけただれかが、われわれの後を追って届けに来てくれたのだという。これには一同驚嘆した。数十キロ、あるいは一〇〇キロ近くも走ったに違いない。なんたる人のよさ！　底抜けに親切なカンボジア人の善意に触れて、この国がいっぺんに好きになってしまった。

カンボジアではもう一度、人の親切心を経験したことがある。たしか東部のクラチエのあたりだったと思うのだが、夜、雨上がりのぬかるみの道を走っていた時、トラックが路肩の溝に片方の車を突っこんで動けなくなってしまった。満載した荷物を降ろして車体を軽くすることなど、とてもこの雨の中ではとても不可能だ。皮肉なことに、こういった非常時のためにと積んであったシャベルは、荷物の下になっていて取り出すことができない。

戦後まもなくの、フィールドワーク未経験時代の話である。あたり一帯はゴム林で、人影ひとつない。真の闇だった。このままライトをつけっぱなしにすれば、やがて燃料が切れて、それこそ取り返しのつかぬ事態になってしまうだろう。不安の色が隊員たちの顔にみなぎるのを感じた。

その時だった。遠くの方からこちらに向かってくる二つのライトが、私の目に飛び込んできた。車に違いない。これで助かるか。近づくにつれ、それはアメリカ製の大型六輪トラックで、カンボジア陸軍の軍用車であることがわかった。必死で両手を広げ、車を停める。その時、何語でなにをしゃべったのか、まったく記憶がない。ただ必死になって状況を説明し、溝に落ちたトラックを曳き上げてくれと懇願したことだけを覚えている。

人の良さそうな兵士たちは、積んでいたワイヤーをわれわれのトラックのバンパーにひっかけると、エンジンを全開して前進。車輪は見事、道にもどった。お礼をしようと、あわててポケットをまさぐり、何枚かのリエル札を持って運転席に走り寄ろうとする私を尻目に、トラックは爆音を立てて走り去ってしまった。お金を渡すどころか、お礼を言う暇さえなかった。今思い出しても申し訳ないことをしたと思う。


アンコール・ワット、プノンペン、コンポンチャム、クラチエ、ストゥントゥレンを回って南ラオスに入ったわれわれは、パークセーに一泊したのち、東に入ってボロベン高原を訪れた。ここで人類学者と言語学者がカー族の村で調査をすることになった。

カーというのはラオ語で奴隷を意味する他称であって、彼ら自身はこうは言わない。男はふんどしひとつであとは裸。たがいに言葉がわからず、じろじろ眺めあっていた。すると人類学者の岩田慶治さんが、いきなりスケッチブックを取り出して、何か写生をしはじめたのである。まず子供たちがひとり、ふたりと先生を取り囲み始める。そしておずおずとスケッチブックをのぞきこんだ。犬の絵である。それを指差した子供たちが、なにやら叫んでいる。同じ言葉のように聞こえることころをみると、彼らの言語で「犬」と言っているのだろう。岩田さんは、それを発音記号でメモした。なるほど、人類学の調査というのは、こうして始めるのかと、すっかり感心したものである。

パークセーからサワンナケート、ターケークまで北上したが、そこから先は道が悪いということで、調査隊は二班に分かれ、一班はメコンを渡河して東北タイ経由でラオスに入るコースを選び、もう一つの班はターケークから船に乗り、メコンを遡航して、それぞれヴィエンチャンを目指すことになった。

私は松本団長、江坂隊員といっしょに水路班に参加した。ターケークからヴィエンチャンまでのメコン川は、ゆったりと流れ、洋々たる大河の趣がある。左手に東北タイの高原を眺め、右ははるか遠方に石灰岩の山脈を望む光景が、来る日も来る日も続いて尽きることがない。

三泊四日の船旅は、安全であるだけに、まことに退屈そのものであった。しかし、毎日、日が落ちかけると、村のあるとおぼしきあたりに停泊して一夜を明かすのだが、船を降りて村に入ると、村人たちが三々五々集まってきて、ひとりでに会話の輪が生まれ、そこに仲間入りしておしゃべりをするのは楽しかった。

初めて見るラオスの首都ヴィエンチャンは、バンコクの喧騒に慣れた私にとって、なんともひなびた町に見えた。ときおり砂煙を立てて走るトラックを除くと、自動車の姿はほとんど見当たらない。それなのに、かつての宗主国フランスの制度にならったのか、奇数日と偶数日で駐車する場所が変わるのが奇妙だった。

この年は、ちょうど仏暦二五〇〇年にあたったので、仏教国ラオスでも各地でお祭りが賑々しく行なわれていた。ヴィエンチャンでは、町の中心にあるタートルアン寺の周辺に市が立ち、着飾った大勢の善男善女が集まっていた。

調査団一行は、このヴィエンチャンから、ジープを連ねてルアンプラバンに向かった。ヴィエンチャン平野を過ぎ、山地部にさしかかったところにある小さな部落で一泊する。われわれは、ラオスに多い孟宗竹で作った小さな民家に分宿した。夜、寝返りをうつと、竹がきしんでぎしぎしと音を立てた。

この時初めて、朝、野外で用を足すことの難しさを体験した。冗談好きの長先生が科学者らしく、本日の実験結果に基づく、と称する排便術の講義を始めた。まず適当な角度の斜面を探しなさい、それからそこにしゃがみ、尻と地面の距離を保てることを確認してから発射にかかるのが正解と、地面に図を書きながら真面目な顔で説明してみんなを笑わせた。

ルアンプラバンに向かう途中、シェンクアンへの分岐点にあたるサーラープークンで立ち寄った「オーベルジュ・ド・プクン」というフランス語の看板のかかった山小屋は、ほとんど客の来る様子もない宿屋だったので、われわれの一行の到着はちょっとした事件だったらしい。

プークンでモン族の族長と。銃を持っているのは長博士。

どこからともなく大勢のラオ人が集まってきて、われわれを歓迎してくれた。こんな辺鄙なところにしては、食事のおいしかったことが印象に残っている。一番おもしろかったのは支払いの時で、がやがや言いながら小石を並べ、一〇個になるとそれをもう少し大きめの一個の石ととりかえ、これを繰り返して計算していた。まさに原始的な算盤を見る思いがした。

明くる朝、ベランダに出てみると、モン族らしい男が鉄砲を持って近づいてきた。一家で山から水汲みに来たのだという。片言のラオス語で話をすると、家を見に来ないかと言う。何人かの隊員とともに、彼の後をついて山にのぼった。

一家四人で、奥さんとおぼしき女性と二人の子供は、いずれも背中に数本の孟宗竹の節をくりぬいてたばねた「水筒」を背負っている。くだんの男は、生きた豚の後足を両手に持って背中にかつぐ。われわれがカメラをひとつ首からさげただけでふうふういう坂道を、彼らは驚くほどの速さでずんずん歩いてゆく。

坂を上がり下がりしてどれほど歩いただろうか。やがて眺望の開けた尾根に出た。そこには数軒の粗末な家が立っていた。これが彼の家らしい。われわれが近づくのを見て、数匹の飼い犬がほえたてる。その声を聞いて遠くの尾根の部落の犬までがこれに唱和する声が、あたりにこだまする。山はかなりの高さだ。雲が目の下に見える。なんともロマンチックな気分である。ふと神話にいう高天原《たかまのはら》のイメージはこんな風景ではないのかと思った。西にかたむく夕日を浴びて、真っ赤に映える空を仰ぎながら、われわれは宿への道を急いだ。

翌日の夕方、ルアンプラバンに到着した。ルアンプラバンは、当時のラオス王国の王都である。しかし郊外の丘の上から見るこの町は、まことに小さく見えた。かつてのラーンサーン王国の首都にしてはいかにもみすぼらしい。通りと言えばただ一条の道があるだけで、店らしい店もなく、目立つのは建ち並ぶ大小の寺院と、ささやかな王宮だけであった。

後日、信任状の奉呈に出向いた大使が、まだもっと奥だと思って入った部屋に、思いもかけず国王陛下が立っておられるのを見て、あわてて信任状を取り出したという話を聞いたが、さもありなんと思ったものである。伝統的国家を考えるとき、近代国家からの不用意な類推は避けなければならない。小なりといえ、この町は、歴史にその名を残すラオ人の一大王国の中心であったことに間違いはないのだから。ちなみに一九七五年の政変後、この王宮は共和国の博物館になったという。

われわれの隊は、ルアンプラバンでいくつかの班に分かれることになった。二人の人類学者はそれぞれの調査村に入っていった。私は八幡、河部、長の三先生とともに、メコンを遡航して、バーンホエイサイ経由でチェンセンに行くことになった。この七泊八日のメコン遡航体験は、別のところにくわしく書いたのでここでは繰り返さないが、前に記した松本、江坂両先生との三泊四日の船旅と共に、この体験が、のちのちまで続く私のメコンへのこだわりの原点となった。

帰路は、いったんバーンホエイサイにもどり、そこからセスナ機をチャーターしてヴィエンチャンに帰ることになった。苦労して越えたいくつもの急瀬を空から見ると、感慨はひとしお深いものがある。文明の利器は、あっという間に、われわれ四人をヴィエンチャンへと引き戻してくれた。馬鹿でかいラオスの切手を何枚もはりつけた絵葉書を郵便局へ出しに行った記憶が蘇ってくる。

稲作民族文化総合調査団の「エクスペディション」の思い出は尽きることがない。しかし、この計画に参加できたことは、その後の私のタイ、更には東南アジア研究にとって、決定的な意味を持ったと思う。それは、都市文明とはまったく別の豊かな文化が、田舎という世界の中に存在しているということ、そしてその文化の多様性の奥底には「人間である」という共通の世界が存在しているという事実を、さまざまな体験を通して感得できたことである。旅はするものである。

稲作民族文化総合調査団

梅棹さんとの出会い

「稲作」が終わったとき、私は例のチラユ先生にならって、「ボアット」しようと考えていた。そのために、カニターさんと相談の上、出家するお寺まで心に決めていたのである。そんなある日の夕方、飯を食いに来い、とT参事官から召集がかかった。タイ料理屋へ出かけてみると、そこには先客がいた。

「知ってるか、大阪市立大学の梅棹忠夫さんだ」と参事官が言った。

その年の二月号の『中央公論』に「文明の生態史観」という論文を投稿して、一躍有名になったあの梅棹さんだな、と思った。梅棹さんは、その時、大阪市立大学の東南アジア生態学調査隊の隊長として、バンコクに来ていたのだ。タイの調査が一段落したので、次はジープ一台でインドシナ半島一周の調査旅行を計画しているのだという。

「だれか、一緒に来てくれる人いませんか」と梅棹さんが参事官にたずねた。すると参事官が「そこにいいのがいるよ」と、あごで私を指したのには慌てた。今、長旅を終えて、帰ってきたばかりだ。それに、これから坊主になろうとしている。が、なぜかすぐに「困ります」とは言えず、つい「どこへ、行くんですか」という言葉が口をついて出てしまった。

「まずカンボジアへ行き、そこからベトナムへ入り、一七度線まで北上して今度はラオスへ向かう。ヴィエンチャンからは飛行機でシェンクアン、ルアンナムター、ルアンプラバンへ行く予定です」こう言って一息入れた梅棹さんは、「どうですか?」と尋ねた。

面白そうな計画だ、と思った、「稲作」とはまったく違ったコースだ。それに留学生という自由な身分もあと一年。大使館勤めが始まったら、こんな大旅行をする機会はないだろう。二度とない機会だ。もう一度やってみるか。私は、「行きます」と答えた。

梅棹隊の車は、三菱のステーションワゴンだった。運転は梅棹さんと昆虫学者のYさんと私が、交代でやることになった。三人が三人とも免許とりたての「若葉ドライバー」だったが、いずれも過去三ヵ月あまりの田舎ドライブの経験から、糞度胸だけはついていたようだ。

気のおけない三人だけのドライブである。「稲作」の時のように、JTBの添乗員よろしく一三冊のパスポートを抱えて走り回る必要もなかった。そんなわけで、車の中は、おしゃべりに続くおしゃべり。話題は森羅万象に及んだ。今振り返ってみても、こんなに密度の高く、楽しい時間を経験したことはなかった。

バンコクを出発して国道一号線を北上する。ヒンコンから東に折れ、ナコンナーヨックに向かったころ、向こうから一台のジープが走ってくるのが見えた。日の丸をつけているわれわれのステーションワゴンに気づいたのか、そのジープは停まった。降りてきた人を見て驚いた。なんと「稲作」でお世話になった河部先生ではないか。偶然というものは面白いものだ。

一度通ったことのある道を走るのは、なんとなく気楽である。われわれが「洗濯板道」と呼んだラテライトのでこぼこ道を走る時のハンドルさばきも身についている。前に泊まったことのあるナコンナーヨックの「シナ宿」では、宿のおばさんがやけに親切で、われわれのために、ふだんは使わせないという便所の鍵を貸してくれた。VIP待遇と理解する。

アランヤプラテートでタイを出国し、ポイペットで、カンボジア側の入国手続きをすませる。これも二度目なので緊張感はない。鼻歌まじりに車をとばし、夕方、シアムリアップの町に入った。ついこの間、落としたタイヤを届けてもらった思い出の町だ。梅棹隊は「稲作」と比べ、えらく貧乏だったので、ホテルには泊まらず、「平和大旅社」という「シナ宿」の二人部屋に持参した簡易ベッドを持ちこんで三人で寝ることにした。

タイとカンボジアの季節はだいたい同じである。前回ここに泊まったのは一〇月初旬。雨季明けが遅れていたため、大湖トンレサップに通じる道路は冠水し、湖畔に近寄ることができなかった。しかし今回は乾季。この機会に、インドシナ半島最大の湖をぜひ見ておこうということで意見が一致した。

トンレサップは、大河メコンの巨大な洪水調節池の役割を果たす湖である。雨季には、逆流する泥流がここに流れ込み、湖面は一挙に三倍に膨れ上がる。カンボジア語で「ヴィアル」と呼ばれる湖の縁辺部に生える洪水林は、魚の生息地として最適だ。そのため、古来この湖は、周辺住民の重要な蛋白供給源となってきた。現在でも年間一五万トンの漁獲高を誇る。

われわれ三人は、湖畔に車を停め、小舟を雇って湖上に出た。洪水林の間をぬって、巨大な湖面に入ると、沖合いでなにやら家らしきものを建てているのが目に入ってきた。あとで、これがトンレサップの漁業に欠かすことのできない、湖上の見張り小屋だと知る。

トンレサップはべらぼうに広い湖だが、水深は浅い。船頭は舟が進まなくなるとすぐ水に入って舟を押す。なるほど、季節によって湖面が一挙に拡大するわけだ。

その後、縁あって、NHKのバンコク特派員を案内して、もう一度トンレサップを訪れる機会に恵まれた。今度は八月だったので、湖上の小屋は岸辺に移され、そこにベトナム人の仲買い人がやってきて、魚の取り引きをしている様子を見ることができた。

「稲作」の時はプノンペンから北上して、コンポンチャム、クラチエ、ストゥントレンを経由して南ラオスに入った。今回は、プノンペンから東に進み、バナムの渡しでメコン川を渡り、低平なメコン・デルタをひたすら進んで、東洋の小パリと呼ばれた当時のサイゴン市、現在のホーチミン市に向かうのである。低平なデルタには、国境にふさわしい自然の境界はまったくない。見渡すかぎりの大平野の真ん中に一本の道がまっすぐに走り、その途中に出入国管理事務所の建物が建っている。なんとも人工的な国境である。道路に沿って広がる水田では、農民が水牛に鋤を引かせて、自由自在に「越境」している。国際法秩序というものがどれほど人為的なものであるかと痛感させられる眺めだった。われわれはその一本の道をさえぎるベトナム側の入国管理事務所で車を降り、入国手続きをすませた。

サイゴンの日本大使館には、当時大使が未着任で、O参事官が臨時代理大使をつとめていた。Oさんは、バンコクのT参事官と並び称される豪傑だという話を聞いたことがある。うわさにたがわぬ太っ腹の代理大使は、梅棹隊を快く迎え、どうせ貧乏旅行でしょう、大使公邸に泊まりなさいと、すすめてくれた。おかげで、一ヵ月あまりの全日程中この時だけは、思いもかけぬ「ぜいたくな」数日を心ゆくまで味わうことができた。

一九五八年という年は、第一次インドシナ戦争が四年前に終結し、南ベトナムは停戦監視委員会の監視下に置かれていた時期にあたる。束の間の平和の時代ではあったが、地方では、いわゆるベトコンが各地に出没し、南の首都サイゴンでは、地方歩きは危険とのうわさが広まっていた。

そうした時期にベトナムの田舎を、たった一台の車に乗って外国人が旅行するなど、非常識と言われてもしかたがない。しかし大使館のお世話になっている以上、迷惑をかけては申し訳ない、思いあまった梅棹さんは、O臨時代理大使の判断を仰ぐことにした。だめならバンコクに引き返せばいい、と梅棹さんは言う。しかし、O代理大使の反応は、予想に反したおおらかなものであった。

「ベトコンにつかまるのも、ひとつの経験でしょう。行ってらっしゃい」

うわさにたがわぬ侍だったO代理大使の励ましに感謝し、自重した旅をすることを約した。出発が決まると、次は途中の道路の状況についての情報をとらなければならない。しかし、どこで聞いても様子は皆目わからなかった。時期が時期だ。北ベトナムとの国境ぎりぎりまで北上し、そこからラオスに入るなどという無茶な旅行を考える人がいるわけはない。ラオス大使館へ行って聞いてみても、わからないと言う。しかし、地図によれば道はある。それも立派な道らしい。とにかく、行って見よう。代理大使の厚遇に感謝し、三人は運を天に任せて、サイゴンを後にした。

梅棹隊は、とにかく金がなかった。都市はとにかく金がかかる。そこで、都市には泊まらず、手前の村に泊まるというポリシーを立て、町は立ち寄るだけにとどめた。そんなわけで、観光地として有名なダラットやニャチャンでは、役所や研究所をたずねたり、昼の食事をとるだけにした。

田舎で泊まるといっても、事はそう簡単ではない。第一、田舎には宿屋がない。そこで、その日の予定地に着くと、宿舎を確保することが最初の仕事となった。観光旅行など考えられない当時のベトナムで、外国人がジープで田舎をうろつけば怪しまれるのは当然だ。そこで、先手を打って、まず警察署を訪ねることにした。交渉役は、サイゴンから同行したサイゴン大学生のＤ君の担当である。彼はもともと北の出身だが、カトリックのため、南に逃げてきたのだという。検査のためにわれわれを訪ねてきた警察官も同じ北の出身者であることが多く、Ｄ君はそのつど嬉しそうにお国言葉で話していた。

学者には三つのタイプがある、という「梅棹理論」を聞いたのは、ジープのハンドルを握りながらだった。一つのタイプは「事実型」。これは、細かい事実を集めることに執念を燃やす。もう一つは「体系型」。とにかく体系を組み立てないと気がすまない人。もう一つは「仮説型」で、仮説を立てて、新しい世界を切り開いていくことに無上の喜びを感じるタイプであるという。「私自身は、事実型と仮説型ですわ」と、梅棹さんは言った。

おたまじゃくしの研究で学位を取ったという生物学者の梅棹さんは、自分を生態人類学者だと言う。梅棹さんの考える人類とは、歴史学者の考える人間とは、時間のスケールがだいぶ違う。今西錦司先生の薫陶を受けた梅棹さんは、人間を生物の進化の最終点としてとらえる。そこではチンパンジーもゴリラも人間もひとつの連続体として認識されている。ものごとを長大なタイム・スパンでとらえるという知的姿勢を、私は梅棹さんから学んだ。

『学会横歩き』ということをやろうとおもてます」

梅棹さんはこんなことをよく言った。動物学者だけども、人類学にも、歴史学にも発言する。そこには、今で言う「学際的」というアプローチの萌芽があった。

梅棹さんは、実によく本を読んだ。歩いては読み、読んでは歩く。梅棹隊のジープには、「移動図書室」と呼ばれる本のいっぱい詰まった箱が積んであった。チロル帽をかぶった梅棹さんが、ときどき思い出したようにごそごそと「図書室」をかきまわしては、本を取り出して読む姿を懐かしく思い出す。

「稲作」と「梅棹隊」という二つのフィールドワークに参加して、一番ためになったと思うのは、予測不可能なさまざまな経験を通して、「危機管理能力」が身についたことである。カンボジアのゴム林の真ん中で起こったトラックの事故の話は前に書いた。梅棹隊の時は、ラオスでジープが仮橋を通過しようとして途中で橋が壊れてしまい、ありったけのジャッキで車を支えなが

ああやってこうやって…

ら必死になって脱出するという経験をした。この時は、なぜか脱出できるという確信のようなものがあって、不思議と落ち着いていて、昔聞き覚えた小唄が自然と口をついて出た。

「三日月の、光出ぬ間にちょいと駈け出だす。恋の習いか人目が邪魔か、曲がる横丁の柳影」

人里はなれたラオスの森の中で、よくもこんな場違いの歌が出てきたと今でも不思議である。

ベトナムでも、もうひとつの危機を経験した。宿から道路に出て左右確認のため停止しているわれわれの車に、よそ見運転のバイクが衝突してしまった時のことだ。言葉は通じないし、どうしようかと途方に暮れていたところ、思いもかけず、太平洋戦争以来ベトナムに滞在し今は警察で柔道を教えているという日本人のSさんが現れて、いっぺんに問題が解決してしまったのである。奇縁とはまさにこういうことを言うのだと思った。

こうした経験を繰り返すうちに、私が学んだのは、どんな危機に直面しても、決してあきらめてはいけない、ということだった。こうしたいわば信念は、その後の私の人生にとっても、たいへんプラスになったように思う。「若い時の苦労」の効用を口癖にしていた母の記憶が、心に蘇ってくる。

出家志願

一年の間にインドシナ半島をジープで二周するという希有の経験を積んだ私は、三月から六月までのチュラーの夏休みを利用して、いよいよ「ボアット」することにした。出家を考えたのは、タイ人とタイの文化を理解するには、どうしても仏教の勉強が必要なこと。しかしタイの仏教は出家中心の仏教なので、在家の立場ではわからない部分のあること。タイには昔から「ボアット・リエン」(出家して学ぶ)と言って、男子は生涯に一度は出家の経験を積むことがよいことであるという共通認識があり、現在でもその考えが続いていること。仏教はキリスト教や、イスラームのように、神への信仰を受け入れるかどうかという選択を迫られず、ブッダによって示された苦からの解放(=解脱)への「道」に従って修行をすればいい等々の理由を考えあわせた上で、とにかく、僧院の生活を体験しようという決心をしたのである。

私の「ボアット」志願を一番喜んでくれたのは、下宿のナーイだった。例によって入り口に陣取ったナーイは、だれかれかまわず「クン・イシイがボアットするとさ!」と大声でしゃべりまくったので、私の出家話はたちまちにして家中に知れわたった。

とはいうものの、どの寺で出家するのか、そのためにどのような手続きがいるのか、皆目見当がつかなかった。そこである日、タイ語のレッスンの始まる前に、カニター先生に切り出してみた。

「ボアットして見ようかと思っているんですが」

最初の反応は「チン・ルー（本気？）」という、例によっていたって冷静なものだった。

「本気ですよ」

「それなら、プッタタートの『スアンモーク』がいいんじゃないかしら」とカニターさんは言う。

プッタタートとは、村里から近からず遠からずの森に住んで修行する「森林部」の伝統に厳密に従って、一日一食の瞑想修行をするため、南タイのチャイヤーの園林に「スアンモーク」という修行場をもうけ、多くの信者を集めていたことで知られた高僧である。プッタタートはまた、その旺盛な執筆活動によって、タイ人の知識層に抜群の信奉者を持つ優れた宗教人でもあった。

「よければ、秘書のパンニャーナンダに手紙を出して聞いてあげるけど」

いつも親身になって相談に乗ってくれるカニターさんはこう言うと、その場でペンをとって手紙を書き始めた。

しばらくして、パンニャーナンダからの返信が到着した。手紙の内容は、真面目な照会に対する、至極真面目な答えだった、と今でも思う。

要点は(1)日本人の留学生がボアットしたいというのは、喜ばしい知らせである。(2)しかしわざわざスアンモークまで来る必要はない。(3)バンコクでしかるべきいい寺を選んで出家することをおすすめする、というものであった。

「候補の寺は、二つありますよ」とカニターさんは言った。「ひとつは、ワット・ベンチャマ。もうひとつは、ワット・ボーウォン」

ワット・ベンチャマは、大理石寺院の名でガイドブックにも乗っている有名寺院で、観光客が必ず見物に出かける寺だ。在来派のマハーニカイながら、住職の高僧がしっかりしているので、修行するにふさわしい、という。

一方のワット・ボーウォンの方は、先年、現国王もここで出家したというわれのある寺院で、改革派のタマユット派発祥の地でもある。ラーマ四世として王位につくまえの二七年間、モンクット親王がここの住職として、時の開明派知識人を指導したことで知られている名刹《めいさつ》である。

タマユット派は戒律の遵守が厳しく、お経の発音も、パーリ語の原音にできるだけ近く発音する。衣の着方も少々異なる。托鉢の際には、マハーニカイが鉢を肩から掛けるのに対して、タマユットの僧侶は鉢を両手にかかえて托鉢しなければならない。やってみるとわかるのだが、鉢は薄い鉄の鋳物なので、炊き立ての熱いご飯を入れられて歩いているうちに、鉢の当たる両腕が低温火傷のように真っ赤になることがある。

ワット・ボーウォンの当時の住職は、ソムデット・プラサンカラート、つまりタイ・サンガの最高位にある「法王」だった。結構だが、いささか望みが高すぎるのではないか、という心配が頭をよぎった。しかしカニターさんは、「まずワット・ボーウォンから始めてみたら」と第一級寺院での出家をすすめる。そのアドバイスどおり、私は勇気を出して、まずこの歴史的名刹を訪ねてみることとした。カニターさんが案内してくれるという。どこまでも親切な先生だ。

それは一九五八年二月の暑い日の午後だった。二人はバンランプー近くにあるワット・ボーウォンの門をくぐった。健康を害されていた住職に代わってわれわれを迎えてくれたのは、副住職のチャオクン・プロムニーである。

「この寺で外国人が出家したいという話など聞いたことがないな」という副住職の態度は、ほとんど拒否に近い無関心であった。この寺は後にかなりの数の外国人が出家したことで有名になったが、当時はまだ外国人とは無縁の寺だった。やっぱり無理だったかなと思い、その日はひとまず退散することにした。

いささか自信を失った私は、寺の門を出ながら、ワット・ベンチャマでもいいですよ、と言うと、カニターさんは、その言葉をさえぎるように、「日をあらため、もう一度やってみましょう」

と言った。あくまでもワット・ボーウォンで出家させたい、というカニターさんの気持ちは固かった。この判断は正しかったことがあとでわかる。

その何日後だったか記憶が定かでないが、まだ暑かったある日のこと、今度は思い切って自分ひとりで同じ寺の門をくぐることにした。

ここの副住職は、いらいらするほどゆっくりとしたペースでものを話す人だ。この高僧は、あせる私の心底を見抜いたかのように、寺の生活をひとつひとつ説明していった。

寝るのは床に敷いた薄いきれの上だよ。毎朝五時に起き、一時間あまり托鉢に出るのがこの寺のきまりだ。しない寺もあるようだが、うちの寺ではこれは必須の修行だよ。食事は一日二回。午後には一切固形物は口にしてはいけない。黄衣以外には、なにも身に付けないこと。新参僧は、托鉢と、先輩僧といっしょに在家に招かれる以外は一切外出禁止。君は今チュラーの学生だそうだが、出家中は大学へも行けないよ、等々。

おそらくは親切心といささかの不安からの発言だったに違いない。しかしいずれも先刻承知のことばかりだ。覚悟はできている、と私は動じなかった。

「規律には、もちろん従います」そう言う私の顔をまじまじと見つめた副住職は、一息つくと「いいかい、外国人扱いはしないからね。話すのはタイ語だけだよ」と言うと、後ろをふりかえり、控えている寺子に、「ナーワット」へ行って、ウパソンボット・ウィティ（出家作法書）を買っておいでと言った。「ナーワット」とは「寺の前」という意味で、古くからあるこの寺付属の印刷所兼出版社のことである。これが許可の合図だった。

留学生とはいえ、身分は大使館員なので、出家志望の次第を大使館へ報告に行った。官房の理事官は、そんな前例はないと渋い顔をしたが、趣旨に賛成してくれた指導官のYさんに連れられてT参事官に報告に行くと、「よし、おれが大使に話してやろう。いっしょに来い」と言うなり、隣室の大使室のドアをたたいた。この人はなにをするにも決断の早い人だ。

「大使、石井を坊主にします。いいですね」

S大使も参事官に輪をかけた侍である。

「面白い。やらせてごらん」

役人らしからぬ大使の鶴の一声で、問題は瞬時に決着した。後日談だが、その後ビルマとスリランカという二つの仏教国の大使を歴任したこのT参事官は、いずれの国でも、大使命令で留学中の大使館員に出家生活を経験させている。

得度式はパーリ語で行なわれる。その次第は、例の「ウパソンボット・ウィティ」に書いてあるのだが、「カンマワーチャーチャン」と呼ばれる二人の授戒師との問答の文句を、パーリ語で暗記しなければならない。当時はまだ、今日のようにテープレコーダーが普及していなかった。

しかし本を目で見ただけではなかなか頭に入らないので、無理をしてフィリップス製のオープンリール式のテープレコーダーを仕入れた。その重い機械を寺に持ち込んで、副住職から私の指導をまかされたマハーブンタム師に式に使うすべてのパーリ語を吹き込んでもらい、下宿に持ち帰って、朝から晩までテープを回しっぱなしにして暗記した。耳から覚えた言葉というものはおそろしいもので、三〇年たった今でも、「エーサーハン、バンテー」に始まるマハーブンタム師の出家作法のパーリ語の声が耳から離れない。

式は四月一二日と決まった。すっかり興奮したナーイは、相変わらずの大声で、家の者にあれこれ指図する。メーバーンはメーバーンで、家の子供たちに命じて必要な品物を買いととのえてくれた。あとでカニターさんから話を聞いてわかったのだが、この家から出家者を出すのはひさびさのこととか。タイでは、出家者を出すことは一家に大きな福（ブン）をもたらすと考えられているのである。私はいわば「親孝行者」と思われたというわけだ。

準備の過程で、自分の誕生日が火曜日であることを初めて知った。マハーブンタム師が『百年暦』という本で調べてくれたのである。出家者のもらうパーリ語の名前は（これが本当の意味での〈戒名〉である）、タイでは、頭文字が当人の誕生日によって決められる。日曜日生まれは母音、月曜日生まれはカ、ガ、ンガ、で始まるしきたりである。火曜日生まれの私のは、チャ、ジャ、ニャで始まる僧名をもらうことになる。副住職は、私に「ジナーヌゴー」という「チャーヤー」

（僧名）をつけてくれた。「ジナ（勝者）」はブッダの意、「アヌゴー」とは「後に従う者」を意味する。「ジナーヌゴー」とは「ブッダに従う者」という意味だ。悪くない名前だと思った。

得度式の思い出

得度式は四月の暑い日の午後だった。儀式の始まる前に、頭を剃ってもらう。タマユットとマハーニカイの違いは、前者は頭だけでなく眉も剃り落とすことである。やがて毎朝托鉢をともにすることになる隣の僧坊の主であるトングディーさんが、剃髪役となって、私の頭にかみそりを入れた。ゾリッという音がして、一房の髪が前に落ちる。剃ったあとの頭の肌に風がしみる。一瞬、緊張が走った。いよいよ試合開始だ。もう後へは引けないと思った。

前に述べたように、私の出家するワット・ボーウォンは、タマユット派という改革派の寺である。一九世紀の前半、のちのラーマ四世王モンクット親王が住職を勤めたという由緒ある寺院で、親王によって、当時乱れていた戒律は、持戒のきびしさで知られるモン仏教に従って元のとおりに改められたと伝えられている。この寺では、頭だけでなく、眉毛まで剃り落とすのがしきたりである。

くりくり坊主でのっぺらぽうになった私の顔を見て、T参事官は、「おまえにはイットがある

僧名ジナーヌゴー

ぞ」と古めかしいことを言った。今流に言えば「セクシー」か。坊主にはふさわしからぬコメントと思ったが、多忙の中をわざわざ来てくださったことに感激した。

大使館からは指導官で先輩のY書記官、中国語のS書記官、広報のA書記官など、たくさんの先輩同僚が式に列席して私の出家を励ましてくれた。一方ニワット家からは、ナーイを始め、ブンクワ夫人、カニター先生とご主人のアドゥン教授、ブンクワさんの妹夫妻から、メーバーンや下働きの子どもたちも全員寺に集まって、私の出家を見守っている。

着ていた服を脱ぎ、白衣に着替えた姿で式に臨む。ウパチャー（得度式を仕切る僧）であるチャオクン・プロムニー師を中心に、コの字に着座した数人の僧によって得度の儀式が始まった。言葉はすべてパーリ語。定められたとおりの文句を暗唱する。三度繰

得度式

り返す言葉を二度でやめようとして注意されたほかは、一度もつかえず唱え終えることができた。

戒を授けられたのち、サンガへの入門を許されたしるしとして、黄衣に着替える。ベテランの寺男が着替えを手伝ってくれる。二人の授戒師のうちひとりは、残念ながら今では他界してしまったが、私の出家中、同じ建物に暮らし、四六時中面倒をみてくれたマハーブンタム師。もうひとりは、現在のサンカラート、すなわちタイ国サンガの首長となった老師であった。先年、ひさびさにワット・ボーウォンを訪れ、サンカラートにお目にかかった。だいぶお年を召されたが、昔のことをまだ覚えていてくださり、記念のメダルを頂いたのは嬉しかった。

得度式がすむと、在家の人々から着替えの黄衣など、身のまわり必需品の寄進を受ける。こちらはすこし高い段の上に座って、参事官をはじめ先輩同僚の合掌の礼を受けるのはいささかおもはゆい。

式の様子は、NHKバンコク特派員のYさんがすべてテープにおさめて、NHKライブラリーに送った。大使館の会計官のMさんは、ご自慢の八ミリ映写機で式を撮ってくれた。このフィルムは、あとでビデオに直して、今でも大事にしている。

マハーブンタム師が、これから私が三ヵ月間暮らすことになる僧坊へ案内してくれた。イギリス風に言えば「セミデタッチドハウス」で、壁を隔てた隣が師の部屋である。規則どおり、ベッドはなし。部屋は板の間である。ここに一枚の薄い黄衣を敷いて、その上に蚊帳を吊って寝る。横向きに寝るとわき腹が痛くなるので、仰向けに寝る。この時ついた癖は現在もなお治らないままである。

出家すると、すべての生活がそれまでの俗人時代とは変わってくる。第一、言葉が違う。一人称の代名詞はphom　からatamaとなり、二人称のkhunはyomとなる。動詞までもが変わるのには驚いた。食べるはkinでなくてchanとなるのである。yesはkhrapのかわりにcharoenphonと言うのである。はじめはだいぶとまどった。

黄色の衣は三衣と言うが、実際は四枚である。腰巻きの布、これを同じ黄色の帯で留める。中にチョッキのように肩から掛ける内衣を着るが、これは三衣には数えない。一番大事なのは上衣で、これの着方が慣れないとなかなか難しく、五体投地の礼をするたびにはだけてしまう。慣れるのに一週間くらいかかった。三衣を構成するもうひとつの布は、普段は折りたたんだままにして、正式の儀式に出席するとき、それを上衣の上に肩から掛ける。

衣の着用法には、寺院の中にいるときと、外出するときの二種類がある。戒律の中に、僧は右肩を露出して在家者の中を行ってはならないというきまりがあるので、寺院の門から外に出るときは両方の肩を隠さなければならない。この場合には、衣を二枚重ねて着るのがしきたりである。

いずれにせよ、三枚の布以外には、なにも身に着けることはできない。シャツも着なければ、パンツもはかない。はじめのうち、それがなんとなく気になってしかたがなかった。腰巻きしかしていなかった昔の日本の女性は、座る時も歩く時も、またを広げないように注意をしていたというが、その理由がよくわかった。特に座禅を組む時などは、うっかりすると前がはだけてしまう。初めて大勢の在家信者のいる中で座禅を組んだとき、前がはだけていたのに気づかず、冷や汗をかいた。

寺院生活で一番楽しかった思い出は、朝の托鉢である。毎朝五時に起床。洗顔と水浴びをすませ、朝食前に約一時間、近所を托鉢する。新参僧はひとりで托鉢することは許されず、先輩についていかなければならない。隣の僧坊で生活しているトングディさんが、私のコーチャーとなってくれた。トングディさんは東南部タイのトラート県の出身で、なかなか勉強熱心な僧なので、この人からいろいろと学ぶことができた。

七時一〇分から朝の勤行《ごんぎょう》が始まるので、それまでに寺に帰って朝食をすませておかなければならない。一方で托鉢は、夜が開ける前に始めることは許されないので、いきおい托鉢の時間は決まってしまう。夜の白む五時半ごろにスタートして、六時半すぎには寺に戻っていなければ朝の勤行に遅れてしまうからである。

そんなわけで、歩く時間は一時間あまり。寺を中心に、毎日違った方向へ托鉢する。トングディさんは、このあたりの路地を実によく知っていたので、寺にいる三ヵ月の間に、普通では通らないような小さな道をずいぶんと歩いて、庶民の朝の生活の実態に触れることができた。

最近の事情はわからないが、私が出家した一九五八年当時、バンコク市内では、托鉢の僧に毎日朝食を供養する家はそれほど多くなかった。一時間歩いても一軒も出会わなかったこともある。そんな時でもトングディさんには毎日朝食を下さるきまった家があって、そこへ行きさえすれば、他での供養がなくても鉢いっぱいのご飯をいただくことができた。ただ仏日（ワンプラ）と日曜日には、供養する家の数が一挙に増える。特にワンプラと日曜日が重なったりすると、鉢に入り切れないほど、食べ物をもらうことが多かった。

いずれにせよ、托鉢だけでは食生活が不安定になるし、一日一食では足りないので、月決めで寺院専門の仕出し屋と契約し、日に二回、食事を届けてもらうのが寺の習慣であった。私の場合、その費用は月一三〇〇バーツ、当時の換算レートで三九〇〇〇円あまりだった。

上座仏教の僧は「非時非食戒」を守る。太陽が南中して以後の食事は厳禁である。したがって、食事は朝と昼の一日二回。昼飯をすませると、翌朝、托鉢を終えるまで、なにも口にすることができない。これは相当にお腹がすく。私は三ヵ月で約三キロ体重が減った。

タイの坊さんが常に携行している手帳があるが、それにはタイ各地の「バンコクと比較した実際の正午表」がついている。たとえば東北タイのブリラムはマイナス一一分、逆にインド洋側のラノンはプラス七分といった具合だ。涙ぐましいような話だが、バンコクのお昼もラノンならまだ一一時五三分だから、あと七分は食べていてよろしいというわけである。

腹がすくから、たとえ粗末な食事でもおいしく食べられる。英語で朝食のことをbreakfastと言う。断食を破るという意味だ。その語源の意味するところを、托鉢をしながら何度もかみしめたものである。

もうひとつ出家したことで変化が見られたのは、足の裏である。タマユット派は、履物をはいて街路を歩くことを許さない（マハーニカイの僧は、外出のとき履物をはくことが許されている）。そこで、一ヵ月もするうちに、足の裏がだんだんと固くなってきた。しまいに、その固い部分と柔らかい部分の境目が縦に裂けてささくれのようになった。還俗してしばらくの間、靴下の上から靴をはくのがなんとなく気持ち悪く感じられたものである。同様に還俗後、パンツをはいてズ

還俗後、僧坊の前で。

ボンをはくと、なんとも暑苦しく困った。

わずか三ヵ月の経験だったが、出家の経験はその後の人生にとっても、またタイ人の価値観や生活を知る上にもたいへん役に立った。三衣だけを身にまとい、日に二回の食事ですませる生活の経験は、通常の人間の生活がいかに無駄が多いものであるかを知らせてくれた。と同時に、人間、やろうと思えばどんな単純な生活でもできるものだという自信を与えてくれたように思う。

予想もしなかった副産物もあった。それは、タイ人が同じ寺での出家経験者に、ちょうど日本の旧制高校の寮生が持つような親近感をいだくということである。出家した時期の前後が先輩後輩の関係を作ることも、旧制高校の場合に似ている。今の皇太子殿下がまだ浩宮様であったとき、非公式のタイ御旅行に随行したことがある。その時、タイ国王ご一家が浩宮さまをご招待して晩餐会を開かれた。その席にはからずも私は同席を許された。着席するやいなや、早速タイ国王からご下問があった。

「石井君、君はワット・ボーウォンで出家したと聞いたが、起居した僧坊はどこかね」

私がおそるおそる「カナ・キオでございました」と答えると、「それなら私の僧坊のすぐ隣だな」と親しげに言われたのは嬉しかった。

国王陛下の出家は、私の二年前の一九五六年、したがって二年先輩ということになる。私の得度式がすんで、登録僧のところに登録簿への署名にでかけたとき、一〇〇名で一冊の同じ登録簿の中に国王陛下の署名があると見せてくれた。登録僧から、あんたは国王陛下と同じ帳簿に署名ができて幸せな男だと言われたことを覚えている。

大使館勤め

語学研修期間の終了をあと数ヵ月にひかえた昭和三二年の暮れのこと、突然大使館から呼びだしがあった。なんでも領事部の書記官の転勤が急に決まったので、研修を早めに終えて大使館で勤務せよということである。せっかくの二年の研修が短縮されるのは残念だったが、命令とあらばしかたがない。ということで、心の準備もないままに大使館領事部の実質的な責任者にされてしまった。

有難かったのは、領事部長のN書記官が、自分は国際機関の仕事がいそがしいので、領事部の仕事は全部君に任せるから好きなようにやってよろしい、もし問題が起きたら僕が責任を取ってやる、と励ましてくれたことである。理想的な上司に恵まれた身の幸運を感謝した。任せると言われると、責任は重大である。その日から早速、領事事務の勉強にとりかかった。

大使館の領事部というところは、言うなれば「区役所」である。日本に渡航する外国人に査証を発給する仕事が中心であることはもちろんだが、そのほか邦人の出生、婚姻、死亡、国籍離脱・

取得などの戸籍関係事務、滞在許可の更新、盲腸など急病人の発生による船舶の緊急入港、等々、千差万別の仕事をこなさなければならない。

しかし、見方を変えて言語の習得という立場から見ると、理想的な学習の場を与えられたことになる。というのも、きままに暮らした留学生時代には、自分の関心のあることにしかタイ語を使おうとしなかったので、獲得できる語彙にも限りがあったが、領事部にかかってくる電話の内容は千差万別、どんな言葉が飛び出してくるかまったく予測がつかないからである。

パスポートをなくした相談から始まって、交通事故死した死人の解剖の立ち会い、精神に異常を来した邦人の世話、麻薬所持で逮捕された人への差し入れなど、ありとあらゆる事態をすべてタイ語で処理することを迫られる毎日が続いた。初めのころは、電話の用件の内容がさっぱりわからず、切ったあとで頭をかかえることもしばしばだった。しかし慣れというものはこわいもので、冷や汗と恥のかき通しの日々も、やがて新たな挑戦の出現が待たれる心境に変わってくるのだから不思議なものである。むかしドイツ語で習った Kein Mensch muß müssen（人間は強制されてはならない）という言葉がいまだに頭にこびりついて離れないのだが、人間も時には強制されることも、まんざらではないと思ったものである。

領事部勤務を二年ばかり続けてから、今度は政務班に配属された。政務班は外交業務の中核に位置する重要な部署であるだけに、やりがいを感じた。朝、配達されたばかりのタイ字紙に目を通し、必要な記事のサマリーを作って報告するといったルーティンワークにはそれほど苦労がなかった。しかし日本から来た要人の通訳には、結構気づかれがした。気の合った人物の通訳はそれなりにスムーズに行くのだが、率直に言って、なんとなく気の合わない人物の話を通訳することは、いかに偉い人とはいえ、あまり気が進まない。友人のタイ語のうまいアメリカ人にこの話をすると、おまえは通訳としては落第だとしかられた。通訳に感情移入は許されないというのである。そうかもしれないが、言語が思想とともに人間の感情をも伝達する機能を持つ以上、通訳は当事者の感情をも相手に伝える義務がある。そのためにはまずもって通訳する人の感情にまず共感することが必要だ、と私は彼の意見に反論した。

この点で、一九六一年に行なわれた池田勇人首相とタイのサリット首相との会談の通訳は今思い起こしても、後味のいい経験だった。なんといっても、両総理の人物に、私が心から共鳴することができたからである。

初日の会談を終え、総理官邸で歓迎のパーティが開かれたとき、サリット首相は私の顔を見るなり、いきなりそばによってきて、「いいか、明日は大事な日になるから、今夜はゆっくり寝てくれよ」と耳打ちした。これだけでも、この人のためなら全力投球しなければ、と思ったものである。

池田・サリット会談は、結果的には、数年来懸案となっていた「特別円問題」を一挙に解決に導くこととなった。前に触れたが、「特別円」というのは、日本軍が第二次大戦中タイで発行した通貨で、それが終戦時に日本側の債務として一五億円残り、これをいくらに評価して返済するかが懸案となっていたのである。

私が外務省に入省した直後に、日タイ間で協議が始まり、債務総額を一五〇億円とすることで合意が成立し、これを五四億円の現金決済と九六億円の経済協力の供与で解決するという協定が成立していた。ところが、現金の支払いの終了が近づくにつれ、九六億円の経済協力の解釈をめぐってタイ側から問題が提起され始めたのである。国際法に従って日本は義務を誠実に履行しているのであり、問題はないはずだとする日本側と、経済協力の解釈についてはいまだ未解決とするタイ側との間に緊張関係が生まれ、これが両国間の友好関係のほとんど唯一のつまずきの石となっていた。

だが、池田首相の訪タイの目的は、両国間の親善を深めることであって、特別円交渉が目的ではなかった。それゆえ、タイ側と大使館を含む在留邦人の大きな期待に反して、空港到着時における池田首相の姿勢はまことに消極的であった。

「在留邦人一同、総理のお越しをお待ちしておりました。是非この機会に、特別円問題の解決を」と挨拶の中で述べたU公使に向かって、池田総理が「私の訪タイの目的は親善ですよ」と冷

特別円交渉の通訳を終えて。池田首相、サリット首相(右)と。

たく答えられたときには、そこにいるものすべて失望の色を隠すことができなかった。

しかしドンムアン空港からバンコク市内に向かう途中のにぎわいを眺めながら、池田首相が、助手席に同乗させていただいた私に向かって「この国は大事な国だね」とポツリと言われたとき、あるいは総理は気持ちを変えられたのかと、私は希望的観測に傾いた。事実、その後の展開は、この一言の中にすべての事態が急転する鍵が秘められていたことを示すものであった。

翌日、日タイのお歴々を交えて始まった正式会談が大した進展もなく終わろうとしていたとき、サリット首相はやおら立ち上がると、明日もう一度会談を開きたいという、まことに唐突な申し出をした。国賓の行事日程というものは、そう簡単に変えられるものではない。極端に言えば、一分一秒まで決められているのである。ところがあにはからんや、池田首相は即座に、結構でしょうと受けて立ったのであった。大使館だけでなく、警察をはじめ、総理接遇の任にあたっていたタイ側関係者もあわてたにちがいない。

後で考えて見ると、当初ことの重要性に気づかれなかった池田さんは、持ち前の鋭敏な政治感覚で、車の中から見た活気あふれる夜のバンコクのにぎわいから、この国の将来性と日タイ関係改善の緊急性を直覚的に感じ取ったものと見える。

二回目の会談が再びフォーマルな雰囲気のもとに始まり、通訳する私もいささかうんざりしかけていた矢先、突然、サリット首相は、池田首相と二人だけで話をしたいと言い出した。列席した日・タイの高官のすべての目が池田首相にそそがれ、テーブルに一瞬の緊張が走った。

「結構でしょう」

あっけにとられた同席の高官たちを尻目に、池田首相はさっさと席を立った。こうして二人の通訳だけをつれた歴史的二者会談が始まったのである。

ことの意外な進展を、期待と不安を持って見守っていた日・タイの高官たちは、ものの一〇分もたつかたたないうちにその小部屋から漏れてきた笑い声を聞いて耳を疑った、と後で大使から聞かされた。十数年来の懸案は、二人の政治家の決断によって、一挙に解決することとなったのである。問題の焦点となっていた九四億円は八年年賦で現金で返済することになり、第二次特別円協定が締結されることとなった。

この日の夕刻、特別円問題解決についてのテレビ演説を行なったサリット首相は、池田首相に感謝の意を述べ、特別円問題の解決は、「大海の底に沈んだ真珠を取り戻した気持ちだ」と率直にその喜びを表明した。

私にとってこの一〇分間は、生涯忘れることができない。その時の二人の言葉のひとことひとことを、今もありありと思い出す。それは肩書きを超えた、二人の人間の真剣勝負だった。私は持てるかぎりのタイ語の知識をふりしぼって、二人の意思を通じ合わそうと懸命に通訳した。通訳冥利に尽きる大きな経験ができただけでも、外務省に入っていてよかったと思ったものである。

当時の私の肩書きは副理事官。まだ書記官にもなっていなかったから、離任に際し国際儀礼上与えられる勲章をもらう資格がなかった。しかし帰国後、タイ大使館から、勲章が伝達されるという知らせを受けて驚いた。タイの外務省の友人から聞いた裏話によると、「どうしてもあの通訳に勲章をやれ」という総理じきじきの命令を受けたタイ外務省は、やむなく、外交官には与えられた前例がない下級の「王冠五等勲章」を出すことにしたのだという。この「安物の」勲章は、今も私のひそかな誇りである。

「王冠五等勲章」をタイ大使（右）よりいただく。

帰国した年の一二月、サリット首相が肝硬変のため死去したという報に接した。私は身分をわきまえず、未亡人あてに個人名で弔電を打った。そうしなければ気持ちがすまなかったからである。その弔電に対し、サリットの腹心であったB大臣から、後日丁重な礼状が届いたのは予想もしなかっただけに嬉しかった。その時ほど、タイ語の勉強がしがいがあったと感じたことはない。

「ナンスーチェーク」蒐集のこと

タイ語の書物は、現在でこそ本屋へ行けばいつでも買うことができるが、こうした状況が生まれたのは、つい二〇年あまり前からのことにすぎない。一九六〇年代の前半までのタイでは、商業出版物としてのタイ語の本は、一部の例外を除けば、ほとんどないに等しく、あるものは教科書や大衆小説の類ばかりだった。

本らしい本が商業的に出版される契機を作ったのは、「シップシー・トゥラー（一〇月一四日）」の名で知られる一九七三年の「学生革命」であった。「シップシー・トゥラー」こそは、伝統的なタイ人の思考様式に根本的な転換を迫った歴史的大事件であったと言うことができる。この事件をきっかけとして、学生を中心に政治状況をめぐって活発な議論が生まれる土壌が形成され、それが「ポケットブック」という新書版の本の形をとって市場に大量に出回り、若い世代の間に読書人口が急激に増大したのである。

それまでのタイ人は、寺院教育に象徴されているように、先生の教えたことをただ鸚鵡返しに繰り返すだけで、自分の思想を持ち、政治について、社会について、真剣に議論し合うという習慣はほとんどなかったと言っていい。チュラーの文学部に哲学の授業がないことを聞いて驚いたことを覚えている。

だからといって、その時までタイにはたとえば歴史の本や古典文学の書物がなかったかと言えば、そうではない。歴史研究に必要な刻文集成や、年代記などの基本文献はかなりそろっていた。『タイ年代記集成』という資料集は、私の留学時代でも既に一〇〇巻を超えていた。ドイツのタイ研究者クラウス・ヴェンクは、一九六二年にこの全集の解題を発表している。

ただ、このような重要な文献は、書店で買うことができなかった。なぜなら、それはお葬式の際に参会者に配るための出版だったからである。このタイ独特の出版形態は、「ナンスーチェーク」の名で知られている。訳せば「頒布本」となる。これを頒布する機会は、葬式に限られてはいなかったが、現実には葬式の場合が圧倒的に多いので、英語ではこれを cremation volume と呼んでいる。

そもそも「ナンスーチェーク」は、前世紀の末に始められた制度で、芸術局に保管されている手写本を印刷して普及させることにより文献の散逸を防ぐことができることから、それを功徳を生む行為であると考えたことに始まるタイ独特の習慣である。選ばれる本の内容や大きさは、生前の故人の因縁やら、ステータスに応じて、一様ではない。たとえばソンクラー出身の人の死に際して『ソンクラー年代記』がナンスーチェークとして印刷されるといった具合に。

フランス人刻文学者として著名なG・セデスが編集した『スコータイ刻文集成』という、およそタイの歴史を研究する者で知らない者はないほど有名な書物ですら、ナンスーチェークとして出版されたのであった。

一口に葬式頒布本と言っても、数十ページの薄い本から、数百ページにものぼる厚い本までさまざまである。喪主のだれもがそんな厚い本を印刷できるほど資力があるとは限らない。中には本の一部しか印刷しない人もいる。『ラーマ二世王年代記』を手に入れたいと思い、八方手を尽くしたがなかなか見つからない。当時それはすでに稀覯本だった。「この王様にゆかりのあるどこかの金持ちが死なない限り、ちょっと見つけるのはむずかしいね」とある古本屋のおやじが話しているのを聞いて、なるほどと思ったものである。

ナンスーチェークの重要性は、商業出版がさかんになるにつれ、徐々に薄れてきたとはいえ、現在でもこの習慣は続けられている。外国ではアメリカのコーネル大学のワーソン・コレクション、ミシガン大学のゲドニー・コレクションが、ナンスーチェークの先駆的コレクションとして知られている。

研究者にとってナンスーチェークのありがたいところは、本の前半分に、故人の経歴や事跡がこと細かく収録されていることで、これが史料としてきわめて貴重な情報源となる。葬式までの短い間にどうやって本を作ることができるのかとの疑問を持たれるかもしれないが、タイでは人が死んでから遺体を火葬にするまで通常五〇日かかり、これが一〇〇日とか、時には三年もかかることさえあるので、本を編集し印刷する時間は十分にあるのである。

私がタイで暮らしていた一九五〇年末から六〇年の初めにかけては、バンコクの王宮前広場に、サナームルアン――「サンデーマーケット」と俗称される市が立っていた。今ではこれが、バンコクの北郊、チャトゥチャックへと移動している。当時、大市が立つのは土日に限られていたが、古本屋のキオスクだけは年中開かれていた。大使館の勤務を終えると、私は毎日のように古本屋をひやかすのを日課とした。あんまりよく行くので、私の姿を見ると「ジープン・マー・イーク・レオ（また日本人が来た）」と言われるようになった。

タイに滞在している間に「サナームルアン」で仕入れた「ナンスーチェーク」の数は、一立方メートルくらいの大きな木箱で二七箱分にもなった。帰国に際し、これを全部書籍として申告したが、横浜の税関で疑われ、二七箱を全部開けさせられた。開け終わったとき「ずいぶん集めたもんですね」と税関吏は失望したように愚痴ったものである。

ある日のこと、例によって古本屋を冷やかしていると、真っ黒に日焼けした顔に髭をたくわえた、怪しげな風体の男が近づいてきた。てっきりやくざかなにかかと思い、思わず身構えた。

「あんたは本が好きなようだが、どうだ俺のコレクションを見に来ないか」とその男は言った。意外な展開となったが、「コレクション」と聞くとほおってはおけない。半信半疑でその男の後についていった。男は、こともあろうに、司法省の中にずかずかと入って行った。日曜なので省内にはだれもいない。これはやっぱり怪しいと思い始めたころ、男は立ち止まり、ある部屋の扉を開けた。そして部屋に入ると、壁一面に置かれている木製のキャビネットの鍵を片っ端から開け始めた。中には鍵が錆びついて開かないのもある。それを無理してこじあけるのを見て、私は完全に彼を疑った。

しかし、開けられたキャビネットの中味を見て私は息をのんだ。そこには美しく装丁された「ナンスーチェーク」がぎっしりと詰まっている。こんなすごいコレクションは見たことがない。『年代記集成』『ラタナコーシン朝年代記』『四世王著作集』等々、思わずよだれが出そうな稀覯本《きこうぼん》が整然と並べられている!。

「私は司法省の役人だ。この部屋は私の執務室だが、家が狭いので蔵書はここにしまってある(タイの役所は鷹揚《おうよう》なものだ!)。私のまわりには愛書家がたくさんいて、いつも本を買いに来る。あんたも『サマーチック(会員)』にしてやってもいいがどうだ。なんでも欲しい本を見つけてあげるから」

チャラット・ピクンという名前を刷り込んだ名刺を差し出しながら、男はこう言った。

その日から、日曜日になると、チャラット氏の「執務室」をたずねて珍しい本を買うのが日課となった。人は見かけで判断してはいけないものだ、とその時の光景を思い出すたびに痛感する。

現在、東洋文庫に所蔵されているタイ語本のコレクション「松田文庫」は、松田さんという在バンコクの篤志家の基金を使って、チャラット氏の蔵書のうちから歴史関係の約一〇〇〇冊を購入寄贈したものだ。私自身の蔵書もまた、チャラット氏のおかげでずいぶんと豊かになった。

京大東南アジア研究センターの所長をしていたとき、突然、チャラット氏が古書の収集をやめると宣言したというニュースが飛び込んできた。彼の心境の変化の理由はいまだに理解に苦しむところだが、その詮索はさておき、私は早速その話に飛びつき、文部省とかけあって予算をもらうと、チャラット氏の全コレクションをセンターに納めた。約六〇〇〇冊にのぼるナンスーチェークは、世界最高のナンスーチェーク・コレクションだと自負している。ちなみに後年、その全目録が、それぞれの本に履歴の載っている故人名を付して、同センターから三冊本で出版され、利用者の便に供されている。


結局タイには一九五七年から一九六三年まで、足かけ七年いた勘定になる。どんな奨学金でも、七年間も勉強させてもらえることは期待できないだろう。初めは留学生として完全な自由を享受することができたが、大使館づとめになってからも、領事部、政務班、経済協力班、日本人学校担当といろいろな部署を体験したおかげで、大学では決して学べないタイ語をたくさん学ぶことができた。後年、はからずも文化功労者としての顕彰にあずかり、外務次官から招待されるという光栄に浴したが、その席で、「私は大学はすべて中退で来ましたが、『外務省大学』を卒業できて感謝しています」と挨拶した。これは本当の実感を述べたまでである。

言語を自然科学の対象として研究する学問がある。おそらくこの学問は将来脳科学の一部門として重要な役割をになうことになるのだろう。ここでは、言語を生み出した社会的文化的要因は注意深く排除され、学的関心はもっぱら人間の持つ言語能力の普遍性の解明に向けられ、言語外の要因については学的禁欲の態度で貫かれている。こうした学問の存在意義を認めるのにやぶさかではない。しかし私としては、やはり言語をそれを生み出した社会や文化との個別の関係で学び続けていきたいと思う。

私をこうした姿勢に導いてくれたのは、なんといっても足かけ七年のバンコク滞在中に得た、さまざまな体験である。本を読んだだけでもその国のことはわかる、という人がいる。極論すると、その国へ行くことによってかえって目が曇る、というのだ。しかし、これはおかしい。

もちろん本を読まないでただ経験するだけでは、その国を本当の意味で理解することはできない。本にはその国についてのそれまでの知的蓄積や分析の結果が書き留められており、本を読むことによって、その国がどう理解されてきたかについての先人の知恵を学ぶことができる。それを学んだ上で、あるいはそれを学びながら、その国に生活する、これがある国を理解する一番いい方法ではないだろうか。

梅棹忠夫さんとインドシナ半島を自動車で旅行したとき、梅棹さんのジープにはたくさんの本が積んであって、梅棹さんはこれを移動図書館と呼んでいた、と前に書いた。本を読みながら歩く、歩きながら本を読む。これがある国、ある社会を理解する正しい道だというのが、梅棹さんの信念だったようである。私も同感だ。その意味で、タイに暮らし、タイで本を読めた自分はしあわせであったと言わなければならないだろう。

第3章　再スタート

二度目の本省勤務

帰国してしばらく本省のアジア局に勤務していたとき、タイで出会ったことのある九州大学教育学部のＹ先生から、集中講義の依頼の手紙が来た。タイの文化についての話をしてほしいということだった。お役に立てばと喜んでお引き受けすることにした。

大学の教壇に立つのは、生まれて初めての経験である。東京から福岡までの夜行列車の中で、必死になって下調べをした。しかし実際に教室に出かけてみると、「学生」は院生と教官の先生方ばかり、それも以前タイでお世話をさせていただいた方ばかりだったので、あがりもせず、無事「タイ文化論」の講義を終えることができた。

これより先、京大東南アジア研究センター創設準備委員の先生から、私がタイで集めたタイ語の文献について話をしてほしいというお話をいただいていた。ちょうどいい機会と思い、福岡の帰りに京都に立ち寄って「ナンスーチェーク」蒐集にまつわる話をさせていただいた。実はこのことが、やがて私の運命に決定的な変化をもたらすきっかけとなるのだが、そのあたりの因果関係に気づいたのはずっと後の話であり、当時の私にとっては、神ならぬ身の知るよしもないことであった。

それからしばらくして、今度は東洋文庫の故榎一雄先生から「東洋学講座」で、タイ語文献について話してみないかというお誘いを受けた。これも不思議なご縁で、榎先生がユネスコ・東アジア研究センターの設立に関連して東南アジアを歴訪されたとき、たまたま拙宅に二、三日お泊まりいただいたことがあったが、その時、先生に私のタイ語本のコレクションをお見せし、先生がこれにたいそう興味を持たれていたのである。

東洋文庫という、アジア研究では世界的に著名な研究所からのお招きは光栄だと思い、喜んでお引き受けし、「ナンスーチェーク」について講演をさせていただいた。講演終了後、熱心に質問されたひとりの老先生から、今日の話はたいへん有益だったとお褒めをいただいた。先生は、私の住まいが二番町であると言うと、近くだからといっしょに行きましょうと車で送ってくださった。この方が、日本における東南アジア歴史学の生みの親であり、後に文化勲章の栄誉に輝く碩学《せきがく》山本達郎先生と知ったのは、それからかなりたってからのことである。

本省でのポストは南西アジア課のタイ班だった。入省してすぐ、先輩のYさんと一緒に働いたことのあるアジア四課の後身である。たったひとりでタイ関係の政務全般をとりしきるのだから、責任は重い。しかし当時は現在と比べて仕事が暇だったのだろうか、私は帰国するとただちに、当時もなお私設セミナーを続けていた「小林学校」に舞い戻ることにした。東工大を定年でやめられ、早稲田に専任で移られた先生は、月一回の割で言語学書の輪読会を開いていたのである。

輪読会には欠かさず出席して、学生時代に帰ったような気分を味わうことができた。テキストには言語哲学の本が多く選ばれた。メンバーはかつてのソアレの生き残りである。相変わらず厳しい小林先生の「授業」は実務にまみれて固くなった頭の柔軟性を取り戻すのに大いに役立った。

本省にもどって二年たった一九六五年の夏、アルジェリアの首都アルジェで、「第二回アジア・アフリカ会議」が開催されることになった。よく知られているように、アジア・アフリカ会議は、一九五五年にインドネシアで開かれた「バンドン会議」に始まる。反帝・反植民地・非同盟中立を標望して開かれたこの会議は、バンドン精神という言葉を生み、戦後独立したアジア・アフリカ諸国に関心を持つものにとって忘れることができない会議となった。

この大会を契機として一挙に高まった途上国への関心は、日本でも多くの若者をアジア研究へといざなった。バンドン世代と呼ばれる研究者たちがそれである。この時のアルジェ会議は、そのＡＡ会議の創立一〇周年を記念しての第二回目のＡＡ会議となるはずであった。

この会議に代表団を送るべく、外務省内に準備室が設けられることになった。タイ国担当の私がこの第二次ＡＡ会議に直接関係することなど夢にも思っていなかったが、縁というものは不思議なもので、ある日南西アジア課長に呼ばれ、私は課の業務を離れて会議準備室の一員となるよう命じられたのである。

「準備室」での仕事は、代表団の設営準備とあわせて、問題別に会議用参考資料を作ることが中心だった。ソ連が会議への参加希望を表明したとき、ソ連はアジアなのか、ヨーロッパなのかという問題をめぐって、いろいろな角度から資料をあたって検討したことを思い出す。

また一九六〇年代は、アフリカの時代とも言われ、長くヨーロッパの植民地であったアフリカ諸国が相次いで独立を達成した時代でもあったので、アフリカについてもにわか勉強をする良い機会となった。

アルジェリアと言えば、学生時代に見た古いフランス映画「ペペ・ル・モコ」の舞台となった場所である。名監督とうたわれたジュリアン・デュヴィヴィエの代表作であるこの映画の主演は名優ジャン・ギャバン。スリラーの芸術性を詩の水準まで高めた作品として、日本でも有名で、私も『映画五十年史』にひかれ、授業をさぼって新宿の名画座にでかけて繰り返し見ては友人の映画通と議論をしたものである。

そんなわけで、心ははやアルジェの空に飛んでいるその時であった。ある日、突然アジア局長から呼びだしがかかった。タイで上司とその部下の関係にあったかつてのＵ公使である。私の顔をまじまじと見た局長は「君はなにか京大と関係があるのかね」と、けげんな顔でたずねた。

「別にありません。タイにいたとき、何人か京大の先生をお世話したことはありますが…」

局長の唐突な質問にその意味をとりかねていると、U局長は一息入れてからこう言った。

「京大から、今創設しようとしている東南アジア研究センターのスタッフに、君を迎えたいと言ってきてるんだが、君は行く気があるか」

　青天の霹靂《へきれき》とはこのことである。タイへ行きたいばかりに外務省に勤めたのではあったが、研究者となる望みを捨てたわけではない。在野のままでいいから、生涯研究だけは続けて行きたいと思っていた。

　あとでわかったことなのだが、私を京大に推薦してくださったのは猪木正道先生だった。猪木先生はU局長の三高の同級生で、たまたま先生がバンコクを訪問されたとき、当時の上司でタイ公使だったU局長に命じられて昼食会に参加し、そこでタイの政治についてお話しさせていただいたことがある。そのとき、猪木先生が、こんな面白いタイの話を聞いたのは初めてだ、とほめてくださったことを思い出した。はたしてこのときの出会いが猪木先生の頭にあったのだろうか、新しくセンターを立ち上げるにあたり、当時はまだ研究者の少なかったタイを担当する人材を捜されていた過程で私の名前が出て、それがとんとん拍子で助教授として採用の話にまで発展したらしい。縁というものは不思議なものである。

降って湧いたような話に、私は思わず、うわずった声で「行かせてください」と言った。

当時の人事課長は、タイ大使館の領事部にいたとき、二人目の上司となったU参事官だった。人運というものはこういうものだろう。前例のあるなしで議論されたら、あるいは駄目だったかもしれないこの千載一遇の機会は、責任者お二人の好意あるはからいで、私の手中に転げこんでくることになったのである。いま振り返ってみても、信じられないほどの幸運だったと思う。

一〇年間働いた外務省での生活は、予想外のアルジェリア出張で締めくくられることになった。パリ経由でアルジェ空港に到着したとき、そこはもう次々と到着するAA諸国の代表団でごったがえしていた。ホテルに泊まろうとしても、どこも満員だった。しかたなくわれわれ準備室員は、パリから応援のために駆けつけてくれた数人の官補たちとともに、大使公邸の一隅にしつらえた仮の宿舎で寝泊まりすることとなった。

会議自体は、準備の最中に当のアルジェリアで発生したクーデタ事件のとばっちりで開催不能となり、せっかくの準備も無駄となってしまったのだが、この時の経験はその後途上国問題を考える上でいろいろと役に立ったように思う。

AA会議と言うと、当時の日本では、アジア・アフリカのうるわしき連帯の象徴であると、いささか美化されたイメージでとらえられがちであった。しかし一〇年たった一九六五年までには、その中身は連帯どころか、まったくのばらばらとなっていた。多年にわたり植民地支配に苦しんだ諸民族が解放の喜びをわかちあったバンドン会議の歴史的意義は十二分に存在する。しかし一〇年を経て、独立達成後のアジア・アフリカ諸国のあいだに、たとえば同一農産物の輸出などをめぐって、すでに利害の対立が始まっていた。往年の連帯の熱気は既に薄れてしまっていたことが実感された。

忘れることができない経験がある。会場に予定されている場所で、近くにいたアルジェリア人から、おまえはどこから来たのかと聞かれたときの話である。日本からだと答えると、互いに顔を見あわせて日本てどこだと言わんばかり。ＡＡ会議の主催国の民衆は、アジアの一国である日本がどこかを知らないのである。するとひとりの老人が現れて、日本は中国の一部だと物知り顔で講釈しはじめた。なにがアジア・アフリカの連帯だ、とどなりたくなった。

「バンドン会議」についてはいくつもの研究書が出版されているが、第二回アジア・アフリカ会議の不成功を論じた本は寡聞にして知らない。しかし第一次ＡＡ会議の成功と、第二次ＡＡ会議の失敗の歴史的意義は、学問的な見地からもっと研究されていいテーマではないかと考えている。

クーデタのあとでなにかと気ぜわしいアルジェを離れ、帰国報告もそこそこに机を片付け、親子四人がそろって京都へ旅立ったのは、一週間後の一九六五年八月二三日のことであった。

四面楚歌の東南アジア研究センター

「文部省に出向させる。京都大学助教授を命ず」という辞令を手にした時には、嬉しいというよりも、むしろ不安が先に立っていたというのが、いつわりのない感想である。昔から、できれば将来研究職につきたいと漠然とした願望を持ってはいたが、いざそれが現実となると、大学という未知の世界で果たして生きてゆけるかどうか、不安が先に立った。

その年、私は三六歳になっていた。中退、中退で来た男が、いきなり京大の先生になったということがジャーナリズムの好奇心を刺激したらしく、英字紙にまで、Elementary School Graduate Becomes University Professor などという、いささかセンセーショナルな記事が出て面はゆい思いをしたものである。しかし、リベラルな京大の伝統はまだ死んでいないことが証明されたと、わざわざセンターにまで激励に来てくださった先生が二人もいたことを知った時には、正直嬉しく思った。

東南アジア研究センターは、今でこそ東南アジア研究のメッカと言われる存在になったが、創立の当初は四面楚歌の状態で、苦しい日が続いた。それにはそれなりの理由がある。センターの創立は一九六三年。当時の日本には、東南アジア研究という研究領域は皆無と言えないまでも、ほとんどないに等しい状況だった。わずかに東洋史研究者の一部によって、主として漢文史料や西欧語史料による歴史学的文献研究があったにすぎない。京大の先駆者たちは、この地域が将来日本との関係で重要性を増すことを認識し、有志が中心となって東南アジア研究会を組織し、一九五九年ころから、定期的な研究会を開いて、予備的な東南アジア研究を開始していた。

こうした事情を知ったフォード財団が、京大が日本における本格的な東南アジア研究の拠点となることを期待し、まずその予備的段階として世界の東南アジア研究の現状を視察することを提案してきた。これに応えて結成された社会学者のU教授を団長とする視察団は、東南アジア研究の最盛期にあったアメリカのコーネル大学を始め、世界各地の東南アジア研究機関を歴訪した。一九六二年のことであった。たまたま当時在タイ大使館に勤務していた私は、バンコクUミッションを迎え、大学や研究所を案内することとなった。

帰国後Uミッションがまとめた報告書が、京大に東南アジア研究センターが生まれるきっかけを作った。当時、東南アジアに対する日本の学界の関心はきわめて希薄であった。今日東南アジアと呼ばれる地域は「南方」として知られ、東洋史の周縁として数少ない研究者の研究対象でしかなかった。研究方法も、漢籍ないし一六世紀—一七世紀のヨーロッパ語文献の利用にとどまり、東南アジアの諸言語で書かれた文献の研究はほとんど皆無に近い状態であった。

一方「地域研究」などという学問は、その存在自体が日本ではほとんど知られておらず、これを知っていた人がいるとすれば、第二次大戦後アメリカが世界の諸地域といかにかかわるかを模索する過程で生まれた「政策科学」で、純粋な学問とは無縁の存在といった程度の認識にすぎなかった。著名な文化生態学者ジュリアン・スチュアートが「地域研究――理論と実践」(一九五〇年)の中で提起した問題意識などは、まったくと言ってよいほど学的関心を引いていなかった。

この頃、東南アジアはベトナム戦争の真っ盛りだった。タイを基地とする米軍が連日北ベトナムに爆撃を加え、国内の与論はベトナム戦争への賛否をめぐってゆれ動いていた。こうした状況を背景に、アメリカの財団の支援を得て東南アジア研究を始めるという計画が、日本国内で論議を呼ばないわけがない。案の定、全国の大学を中心として猛烈な反対運動が巻き起こった。

すべてがイデオロギーの文脈で解釈され理解された大学の雰囲気の中にあって、遠い将来への展望のもとに東南アジア研究の重要性をとらえ、いかなる誹謗中傷にもひるまなかった設立委員の先生方の学問に対する信念と情熱がなかったら、おそらく東南アジア研究センターは日の目を見ることはなかったであろう。こうした一部のゆるがぬ信念を持った教官の熱意に押されて、京大の評議会は、一九六三年一月、学内外のあらゆる反対を押し切り、学内措置として大学内に東南アジア研究センターを設置する決議を可決したのである。こうして、フォード財団の助成による現地調査活動が、タイとマレーシアを中心に開始されることとなった。

アメリカのアジア侵略のお先棒をかつぐ恥ずべき行為と言わんばかりの非難を浴びながらも、ひるむことのなかったセンター設立委員の教官たちが、アメリカの地域研究の方法論に対しても批判的であったことは意外と知られていない。それは、一九四〇年代末以来、世界の諸地域を対象としてアメリカの諸大学で始められた地域研究が、フィールドワーク、現地語集中訓練、学際的共同研究という斬新な手法を採用したことは評価できるとしても、学際的とはいうものの共同研究に参加したのは人文・社会科学者にとどまり、自然科学者の参加は皆無であったことについての批判であった。

京大の研究者たちの主張は、人間が社会を営み、そこに文化が形成される生態空間についての研究を欠いた地域研究は片手落ちであって、これからの地域研究には自然科学者の参加者を得て初めて十全と言える、というものであった。しかし、半世紀を経た今日では至極もっともと言うべきこの主張は、当時のフォード財団には、ついに理解されることがなかった。

センターの先達たちの偉大さは、こうした困難にもめげることなく、それならばと一致結束し、足を棒にして関西財界をまわり、財界人を説得して自然科学者を参加させるための募金活動を行ない、ついに必要額の獲得に成功した点にある。こうした事実から目をそむけ、皮相のみを見た反対運動が、新しい学問を創出しようとする学者の純粋にして強固な決意を打ち崩すことができなかったのは当然であったと言わなければなるまい。

非公式な学内組織として出発した東南アジア研究センターの次なる目標は、センターの「官制化」であった。当時の文部省は、日本の学界に伝統を持たない東南アジア研究についての理解度は低く、官制化要求は困難を極めた。しかし、フォード財団と国内募金を研究費として行なわれた現地研究の成果を、三冊の本と八冊の紀要にまとめて粘り強く要求した甲斐があって、一九六五年度の予算に、教授一、助教授一、助手二の一部門を持つ「京都大学東南アジア研究センター」が学内共同利用施設として正式に認められたのである。そして、その最初の助教授のポストが意外にも私に与えられたのであった。

センター発足後三年目に、第二番目の部門が正式に発足することになったとき、私は、またまた思いもかけず、教授に昇進させられ、部門の責任者に任命されることとなった。はじめは三年間の出向という形で赴任したのだったが、こうしたいきさつから、外務省との縁は切れ、その後二五年間、六〇歳になるまで京大のセンターにお世話になることになった。外務省勤務の一〇年間と比べ、その二倍半の年月を京都で過ごしたことになる。

官制化されて以後も、学内学外のセンター攻撃はやまなかった。むしろ激化の一途をたどった。学生との団交に明け暮れする激動の日々は、一九七五年、ベトナム戦争が終了するまで丸一〇年にわたって延々と続いた。センターが官制化するまでは、センターを「粉砕」することが目的だった彼らの運動も、センターが「官制化」され、京都大学の一部として認められてしまうと、「粉砕」が不可能となったので、今度は「センターの民主化」が旗印に変わった。あとで考えてみると、どうやら彼らの支持する思想を持った教官をセンターに送り込もうとするのが目的だったらしい。これを知って、学生に対してひそかにいだいていた私の好意が、次第にしぼんでいくのをおさえることができなかった。

こうした学内学外からの政治的攻撃に対する対抗策は、研究業績を上げることに尽きると考えたセンターは、publish or perish（出版か、しからずんば死か）を旗印に、絶えることなく業績を出し続けていった。

辛く不愉快な出来事がとどまることなく続く日々であった。タイ語を学ぶのはスパイ活動のためだろうとか、水田土壌を研究するのは戦車の走行の可能性の調査だろうとか、あるいは癩病の研究は細菌戦の準備のためではないか等々、思い起こしても馬鹿げた中傷に耐えながら、いかなる反対にもめげず、関係者全員が結束して、ひたすら研究を続けてきたことは正しかったと今でも信じている。むしろ、四六時中、自分自身の存在の意義を問われ続け、その結果、所員全員の間に常に緊張感がみなぎっていたことが、かえって研究の質を高める効果をもたらしたのかもしれない。

地域研究ということ

前にも触れたように、地域研究はアメリカで始まった学問だ。だから、たとえばフランス人が地域研究について言及するときには、les *area studies* とわざわざ英語を使う。

地域研究の特徴のひとつは「現代研究」である。研究者の関心はもっぱら現在に向けられる。もうひとつの特徴は「学際的研究」。学際的とは、問題意識を共有するさまざまな専門分野の研究者が、同一の地域を共同で研究することによって、その地域の全体像を浮かびあがらせることを目的としている。参加する研究者がそれぞれの関心にしたがって研究した当該地域のある側面をだれかが総合するというのではない。専門を異にする複数の研究者が、問題意識とフィールドを共有して研究することによって、単一の専門分野からだけでは見えてこない地域像を浮かびあがらせることを目指す学問である。こうした学的共同作業を可能とするために、方法論上の要請として生まれたのが「センター」という組織だ。

そもそも大学における学部間の相互交流は、学部の自治という厚い壁にはばまれて、想像を絶するほどに希薄である。たとえば、同じく地球の表層にかかわる学問でありながら、農学部の土壌の研究者と理学部の地質学者が学問的会話を交わす機会はまれである。その意味でも、京大が「センター」という、伝統に固執する人の目にはいささかいかがわしく見える組織を作り、これを成功させたのは大変な勇断であった。今にして思うに、草創期のセンターが学内学外から袋叩きにあったのは当然であったと言えよう。

アメリカの地域研究、とりわけ一九五〇年から六〇年代にかけて、東南アジア研究の先端を走りつづけていたコーネル大学の東南アジア研究の強い影響のもとに発足したとされている京都大学東南アジア研究センターは、実は当初から、アメリカのそれとは異なった道を歩んでいた。最大の違いが自然科学者の参加を求めたことであることについては、既に述べたとおりである。初期の東南アジア研究においては、人文・社会科学者より自然科学者の方がむしろ数的に優勢であった。これは初代所長となった岩村忍先生の、多年にわたるモンゴル研究の経験に基づいていた。社会を取り巻く自然条件を知ることなしに、人間活動の研究はできないという思想である。

社会科学者と自然科学者の共同研究は、具体的にはどのように可能なのか、という質問は、その後、アメリカの地域研究者からもしばしば投げかけられた。一緒に飯を食うことですよ、という答えは冗談としか受け止められなかったようだが、真面目な話である。

共同研究については、京大には人文科学研究所という先輩があった。人文研の共同研究の多くは、用務員室での酒盛りによって生みだされたのだという話を、そのリーダーであった晩年の桑原武夫先生からうかがったことがある。人文研のひそみにならって、センターのスタッフも、食べながら、飲みながらよくだべった。昼飯をともにしながらの話の中から、いくつもの研究計画が生まれた。commensality つまり食卓（mensa）をともにすることから生まれる知的協業は、地域研究の中核に置かれてしかるべきだということを、私はセンターで過ごした四半世紀の生活から学んだ。

センターに入った翌年、私はバンコクに置かれていたセンターの連絡事務所の責任者として、一年あまりタイで暮らすこととなった。ちょうどその時、センターに新しく着任したばかりのTさんが、調査のためにバンコクにやってきた。Tさんは京大理学部の地質の出身で、学生時代に探検部長をつとめたという根っからのフィールドワーカーである。

初対面のTさんについては、驚いたことがたくさんある。まず彼が日本から持ってきた鞄は、私のために持ってきてくれたという煎餅の缶を取り出してしまうと、あとはほとんどからっぽに等しかった。二〇キロの重量制限をいつも気にしながら旅行の用意をした自分と比べて、まずその差の大きさに度肝を抜かれた。

徹底したTさんの旅行態度は、着替えをほとんど持ってきていないことにも表れていた。洗濯

東北タイ調査。ドーンデーン村で。

して乾くのを待ちさえすれば、よけいな着替えなど不要である、というのがTさんの経験則にもとづく信念であったようで、事実それを実践していた。旅装を解いたTさんはボールペンを一本買ってきた（筆記具さえ現地調達だ！）。それから町に出て、今度は一日がかりでバスの運行状況を綿密に観察し、その結果をフィールドノート代わりのカードに克明に書き留めた。こうしてTさんは、またたく間に私以上のバンコク通になってしまったのである。

このTさんといっしょに東北タイを旅行しながら、私は地形の見方の手ほどきを受けた。これまで文献だけを読んで歴史の勉強ができたつもりでいた私にとって、Tさんとの出会いは衝撃的なものがあった。私はのちに農業を自然環境の利用と関係づけて、タイ史の新しい時代区分を提唱したのだが、そこで示された思想の原点は、この時にTさんとした東北タイ旅行の経験にある。

川をせきとめ、ダムを築いて水位を上げ、その水を導水路によって配分し、水かかり地域を創出するという、いわば自然の改良によって稲作を可能とする方式を、私は「工学的適応」と命名し、デルタのように自然の巨大さが人間の能力を超えているような地域では、土地の改造を諦め、むしろ洪水に対応できるような品種の選別によって稲作を行なうという自然への適応方式を「農学的適応」と名づけたのだが、この発想は、Tさんとの衝撃的な出会いなしには考えることができない。

一三世紀末にカンボジアを旅行した元の周達観は、その著『真蠟風土記』の中で、カンボジアの農業は「一歳中三四番収穫」であると書いている。この漢文は、ふつう一年に三、四回収穫があることを意味すると考えられている。この話をセンターで紹介したとき、ある自然科学者から、それは一枚の田んぼで年に三、四回とれるという意味ですかとたずねられて答えに窮したことがある。そんなことは考えたこともなく、ただテキストの逐字的解釈で満足していたからである。

カンボジアでは、地形の差異によって作付けの時期もばらばら、また植える稲の品種の作期もさまざまなので、旅行者が年に何度もの収穫を観察したとしても不思議ではない。このような農業事情の現実を無視して文章を解釈することはほとんど意味がないことが指摘されたのだ。いかなる漢文の大家であろうとも、カンボジア伝統農業の実情を知ることなしに、このテキストを読むことは不可能だと悟らされた。こうして自然科学者と対話を交わすうちに、歴史のテキストを読む私の姿勢は、次第に変化していったのであった。

自然科学者と日常的に対話を交わせる環境で暮らしているうちに、自分が一番関心を持つタイを理解するためには、もっともっと人間と自然環境との関係を学ばなければならないと思うようになった。当時のセンターの研究の中心はマレーシアとタイだったが、そのタイ研究の責任者となった私は、センターの行なったタイ研究の成果を「稲作社会」という視点からまとめようと思った。

タイの農業が稲作に限られていないことは言うまでもない。とうもろこしもあれば砂糖もある。しかしタイの歴史、社会、文化の基底にあるのはやはり稲作であり、稲作という主要な生業形態を無視してはタイ社会に迫ることはできない。こう考えた私は、十数人の同僚に協力をお願いして研究報告をまとめることにした。それが『タイ国――ひとつの稲作社会』（創文社、一九七五年）という論文集である。この本は幸いタイ研究者以外からも、東南アジア研究者の試みた「知的冒険」として好意的に受け止められ、面目をほどこすことができた。後年これが『現代アジア論の名著』に取り上げられたことは、予想外だっただけに、心から嬉しく思った。

学位取得のこと

プロの研究者になった以上、本格的な研究書をできるだけ早くまとめて世に問わなければならない。大使館に勤務していた時代から、私は前近代のタイ社会に存在していたプライと呼ばれる「不自由民」に関心を持っていた。

ちょうどその頃、カチョン・スカパーニットという在野の歴史家が、この問題についての最初の論文を単著として出版した。カチョン先生は当時なにかの商売をやっていたらしく、大学には正規のポストを持っていなかった。後に教育大学の歴史学の教授となり、近代歴史学の手法を駆使してタイ史研究に新天地を開拓したこの碩学と私は、たまたまバンコクの「サイアム・ソサイエティ」の図書室で顔を会わせたことがきっかけとなり、後には大使館に遊びに来て歴史論を交わす仲となった。今考えてみても幸運だったと思う。

京大に移った翌年、思いもかけずバンコク連絡事務所をあずかることになった。一九六六年のことである。当然のことながら大使館で働く必要もなかったので、毎日ター・ワースクリーに移転したばかりの国立図書館の四階の古文書室に通っては、その形から「パンチー・ハーン・ワオ（凧の尾）」と呼ばれる地方文書の解読に汗を流した。一次史料を読み解くことで、プライと呼ばれる徭役《ようえき》義務者層の実態に迫ろうとしたのである。後にオクスフォードからタイの行政制度改革の歴史を出版したテット・ブンナーク、北タイ史研究で学位を取ったブリストル大学のナイジェル・ブレイリーの二人は、この時に机を並べた仲間である。

「バンチー・ハーン・ワオ」は、伝統的なタイ紙の上に、墨でムンナーイと呼ばれる管理責任者の管理下に置かれた夫役義務者の現状を書き付けた中央政府への報告書で、書き手が地方の役人であるだけに正書法も一定せず、見栄えを良くするために、レン・ハーン（尻尾遊び）といって、最後の画を右に左に長くのばす技法があるなど、その解読にはかなりの熟練を必要とした（似たような史料でも、首都の役人が地方からの報告をまとめた文書の方がはるかに読みやすい）。

毎日数枚のハーン・ワオを読んでは、これをタイ語でタイプして、主任のブンナークさんに見せ、誤りを直してもらう。これが日課となった。ブンナークさんは学歴は小学校だけで、あとは僧侶となった人だったが、古文書を読ませたら図書館員の誰にも負けない実力の持ち主だった。この人から直接文書解読の手ほどきを受けることができたのは幸運だったと言わなければならない。というのも、こうした史料は、図書館学で修士号を取ったというアメリカ帰りの若い図書館員の手に負える代物ではないからだ。ハーン・ワオの解読の授業は、タイの大学の史学科にはない。

プライと並んで「奴隷」と訳されることの多い「タート」という身分についても興味を持った。タートの多くは、政府の関与しない私人間の個別の貸借契約にもとづいて発生する身分なので、図書館ではその原資料らしきものはほとんど見つけることができない。図書館長と昼休みに雑談をしていたとき、自分は南タイの旧家に残っていた「ナンスー・クロマタン」と呼ばれる私人間の借用文書の現物を見たことがあるという話を耳にした。ぜひ本物を見たいと思ったが、残念ながらいまだに現物に接したことがない。

後年、一九世紀前半に来タイしたカトリックの碩学司祭パルゴアの著書の中に、奴隷の売買文書の原文とラテン語訳が収録されているのを見つけた。ラテン語を勉強しておいて良かったと、この時ほど嬉しく思ったことはない。

一年が経過し、やがて帰国の日が近づいた。それまで原資料を読み続けてはきたものの、史料の絶対量が不足しており、プライの全体像をつかむための作業は、まだかなりの時間がかかると感じていた。

京大に勤めはじめて以来、私は、周囲から、あまり遠くない将来に学位を取ることが期待されているという心理的圧力を感じ続けていた。せっかくバンコクに行って、一次史料を読む訓練を受けたのだったが、このテーマを学位論文に仕上げるのは時間的にとても無理だと判断した私は、思いきってテーマを変えることにした。タイの仏教と社会のかかわりの分析である。こう思い切ることができたのは、学生時代にキリスト教に興味を持ち、制度としての宗教の持つ社会的な意味について考えてみたいと思い続けてきたことによるところが大きい。

私は学生時代にある教会に通い、かなりまじめに聖書を読み、洗礼を受けるまでになっていた。しかし教会生活を続けるうちに、アメリカから伝道に来ていた若い宣教師と衝突し、結果的には教会を離れてしまった。それ以来、信仰と教会制度の関係について思い悩みつづけてきたのである。

ある時、親鸞の『歎異抄』を読み、「親鸞は弟子をひとりももたず候」という文章に触れて、目を開かれた。親鸞は弟子をひとりも持たないと言ったにもかかわらず、皮肉にも、親鸞の始めた浄土真宗は日本でもっとも大きな宗教組織に発展しているではないか。この歴史的事実はどう説明すればいいのか。

宗教は制度化されてのみ存続を続けることができる。しかし制度化されることによって持ち込まれた組織の原理は、創始者の理想に変容をもたらさざるをえないというジレンマが生じる。こうした自分自身の体験から、私は宗教を理解するためには、教義だけでなく、組織としての宗教、社会制度となった宗教について理解を深めなければいけないと考えるようになり、独学で宗教社会学の勉強を始めていた。留学生時代に僧院生活を送っていた時にも、宗教社会学の本だけは手放さず、戒律の勉強と平行して、ウエーバーやトレルチを濫読したものである。プライの研究から一八〇度転換して、タイ仏教で論文を書こうと心に決めた背景には、こうした青春時代の遍歴の思い出があった。

仏教がタイという国家とどのような構造的関係を結んでいるかという問題を正面から取り上げた業績は、タイ人自身のものを含めても、当時はほとんど皆無に近かった。京大に移籍して四年後の一九六九年、淡交社という京都の出版社から、タイの仏教について本をまとめないか、というお誘いをいただいた。学術論文をまとめるまえに一般向きの本を書くことにはいささか抵抗があったが、デッサンのつもりで、自分の理解したタイ仏教についてまとめることにした。出家生活の合間にまとめたノートがその種本であった。これが生まれて初めての出版となった『戒律の救い――小乗仏教』という書物である。

自分の書いた本に定価がついて売られるという経験をしたことがなかったので、誰が読んでくれるだろうと正直心配でならなかった。「仏教について書かれた本でこんなに面白い本はなかった」という書評が出たということを知人から教えられた時には、信じられない思いであった。書評をして下さったのは上智大学の門脇佳吉神父で、後年、上智大学に勤めるようになってから、あの書評のおかげで自信がつきました、とお礼を申し上げたものである（この本の改訂版が一九九一年にめこんから『タイ仏教入門』として出版された）。

プライ研究をあきらめた私は、この本の執筆経験をもとに、学位論文をまとめようと考えた。一度に書き上げることはとてもできなかったので、時間をかけて、論文の各章を構成する論文を次々にまとめていった。それがまがりなりにも完成したのは、四年後の一九七三年のことである。この年の一一月、私は今で言う専門調査員として、ロンドン大学で勉強することになっていたが、論文の最後の一枚を書き上げたのは、出発の二日前で、出来上がるや否や新幹線に飛び乗って上京し、出版元の創文社へ届け、とんぼ返りで帰洛した。校正刷りはロンドンまで送られてきた。この本は一九七五年に、『上座部仏教の政治社会学――国教の構造』という題名で出版された。

帰国後ただちにこの本を、京都大学法学部に学位請求論文として提出した。審査は、そのころ全国の大学に吹き荒れていた大学紛争の余波でのびのびになっていたが、一九八一年、論文は審査に合格し、私は夢にも思っていなかった博士号を取得した。

学位を取った時、同僚の経済学者Yさんがお祝いにと一席もうけてくれた。その席でYさんから「これで石井さんが並の学者になってしまったのが惜しい。大物は学位なんぞ取らないものだ」と言われた。そのとおりかもしれないが、私としてみれば、社会に対する積年の借りを、ようやく返したような思いにかられたというのが本音である。

ついでのことながら、学位授与式が開かれたとき、私はたまたま海外出張にでかけて日本にいなかったので、学位記は家内が代わりにもらって来てくれた。というわけで、総長から学位記を受け取るときに味わったかもしれない感動は、ついに経験することができなかった。小学校以来七〇歳をこえた今日にいたるまで、私が常々感じている「未完成感」の背後には、「修了証書」を受け取った時に味わうであろう「完成感」を一度も味わったことがないという事実がいつもつきまとっているようだ。

ロンドンへの研究留学

一九七三年、Ｉ所長のご尽力で、今日で言う外務省専門調査員として、ロンドンに研究留学する機会を与えられた。当時はまだ専門調査員が制度化されておらず、ロンドンで大使館を訪ねても、「大使館には机がありませんからどうぞご自由に」と言われたのを幸いに、もっぱらロンドン大学のＳＯＡＳ（ロンドン大学アジア・アフリカ研究学院）を拠点として勉強することにした。

ＳＯＡＳを選んだのは、アジアの言語に強いこの大学で、これまで勉強することができなかったビルマ語を学べると思ったからである。幸いＳＯＡＳで東南アジアの歴史を講じているラルフ・スミス博士が旧知の間柄だったおかげで、到着早々に希望がかなえられることになった。

ＳＯＡＳで発行しているマニュアルによると、いろいろなビルマ語のクラスがあるらしい。どうせ目的は文献を読むことだからと、「歴史研究者のためのビルマ語入門」という講義を受けることにした。先生はアンナ・アロットさんという女性で、チェコの出身。まことに幸運にもその年は他に受講者がなく、生徒は私ひとりという贅沢な授業となった。

ビルマ語を選んだ目的は、これまで学んできたタイとは少し趣を異にするビルマの上座仏教を勉強するための基礎づくりをと考えたからである。しかし、先生にはそのことは言わず、ただ歴史の文献を読めるようになりたいとだけ言った。

アロット先生が選んでくれたのは、『コンバウン王朝年代記』である。ただ、いきなり本文では難しすぎるので、目次のプリントを作ってもらい、それを読むことにした。目次だから文章の構造はいたって簡単。それでいて内容が面白いので学習意欲をかきたてられ、だんだんと読むスピードが上がってきた。学び始めて初めてわかったことだが、ビルマ語の語順は日本語といっしょでSOV型、つまり動詞は文の最後に来る。だから英語より日本語に訳す方がやさしい。

先生は親切心から「ヨネオ、ビルマ語を読むにはまず動詞を見つけること」と言ってくれるのだが、「動詞はあとでもいいんです」と言って、けげんな顔をされた。ビルマ語をやるなら、イギリスより日本語を通したほうが能率がよかったかもしれない。それでも週三回、一時間半の授業プラス二時間以上もかかるラボでの自習というビルマ語漬けで、あっという間に半年が過ぎた。

二学期を終えて、予習にも少しゆとりが出たと感じはじめたので、せっかくのチャンスだからと、今度はカンボジア語をやることにした。カンボジアの上座仏教はビルマよりタイの仏教に近い。先生はジュディット・ジェイコブさんという女性だった。テキストはそのジェイコブ先生が書いた『カンボジア語入門』。出版したばかりの同じ著者の『辞書』を手元においての勉強だった。ビルマ語やタイ語と違って、カンボジア語には声調がなく、発音はフラットである。都合の悪いことにタイ語と重複する語彙がかなりあるので、ついついタイ語式発音で読んでしまい、「ほらまたヨネオのタイ語節が始まった」とからかわれてばかりいた。

というわけで、はじめは調子が出なかったが、こつを覚えると速度が急速に増し、与えられた『入門書』の練習問題はなんなく三ヵ月で終えることができた。

そうなると、今度は自分の専門に近い文献が読みたくなる。こちらの方は初めから仏教比較研究のためと割り切って、年代記ではなく、カンボジアの仏教サンガ関係の法令をテキストにすることにした。

カンボジアの仏教関係の用語は、タイ語と共通する語彙がきわめて多い。辞書に出ていない言葉でも、タイ語からの類推で想像がつく。「どうしてわかるのだ」と先生に言われ、「これはタイ語からの借用でしょうから問題はないんです」と言って、いささかいい気分を味わったものである。語順はビルマ語とは違い、タイ語とまったく同じＳＶＯ型なので、先に始めたビルマ語より早く読めるようになった。

もうひとつ「ラーチャーサップ」の名で知られるタイ語の「王室用語」の大半はカンボジア語からの借用なので、これは語源を知る楽しみを味わうことができた。「(王族が）お出ましになる

（サデット）」、「（王族が）召し上がる（サウーイ）」。「行幸（ラーチャダムヌーン）」等々、数え上げればきりがない。

通説によると、一五世紀にアユタヤ軍がアンコールを陥落させたとき、カンボジアのバラモンが捕虜として大勢タイに連行され、それが宮廷に仕えたことが王室語にカンボジア語が入った原因らしい。ところがある言語学者の研究によると、カンボジア語からタイ語へという借用の流れは、一八世紀以降逆転して、今度は多数のタイ語がカンボジア語に採用されることになったのだという。理由はともかくとして、こうした借用の逆転現象は、タイ語を知るカンボジア語の学習者にとってこれほどありがたいことはなかった。

その時、私は四五歳になっていた。今後とも今のようにすべての時間を語学学習のために割ける機会など二度とあるまいと考えた私は、カンボジア語の目途がついたのをいいことにして、無理は承知の上で、もうひとつ、シンハラ語の勉強を始めることにした。いうまでもなく、東南アジア上座仏教発祥の地スリランカの言葉である。

ＳＯＡＳを訪れた最初の日、学部長との面会の時間を待っている間に、偶然隣に座っていたペラデニア大学の先生と知り合いになり、その先生から、言語学の学位を持つスリランカの僧侶を紹介された。マハーナーマという名のその先生は、実に親切だった。説明も言語学者らしく的確で、非常によくわかった。シンハラ文字は、同じグランタ起源の文字ながら、これまで学んだタイ語、ビルマ語、カンボジア語の文字とは一見縁もゆかりもないような文字で、初めは面食らったが、段々と慣れるにつれて辞書を引くのもおっくうでなくなった。

言葉がわかるようになると、スリランカ自体の歴史や文化についての関心も次第にたかまってくる。ロンドンの書店でスリランカ（セイロン）という名前の本を手当たり次第買いまくっては読みふけった。

初めて知ったのは、平等主義の上座仏教国でありながら、スリランカにはカーストがあるということだ。インドのカーストと違って、スリランカでは、ゴイガマという農民カーストが最上位を占めている。もっと興味を持ったのは、そのカーストと仏教宗派とが密接に関係しているという事実であった。

ポルトガル、オランダ、イギリスというヨーロッパの三強国による植民地化の結果衰微した仏教再興のため、タイから移入して成立したシアム・ニカーヤという宗派で、得度を受けることができるのはゴイガマだけだという。非ゴイガマ・カーストはこれに反発して、自ら今度はビルマに使節を派遣して僧を迎え入れ、別途にサンガの再興を図っている。これがアマラプラ・ニカーヤである。ちなみにアマラプラとは当時のビルマの首都の名である。

ロンドン生活の楽しみのひとつに古本屋歩きがある。その中で家に招かれるほど親しくなったのは、大英博物館の前にある「アーサー・プロブステイン」という古書店で、ご主人のプロブステイン氏とその奥さんは大変な知識人だった。ほとんど毎日のように店を訪ねたので、まもなく地下の倉庫に入って好きなだけ本を漁りまわることが許されるようになった。「洋服が汚れるから気をつけて」「本はほこりだらけだから手袋をしなさい」と親切に注意してくれ、何時間でも本さがしを楽しませてもらったものである。

後年、会議で再びロンドンを訪れたとき、店をたずねたが、プロブステイン氏は既に亡くなっており、奥さんと娘さん夫婦が店を守っていた。その夜、ハムステッドの自宅に招かれ、昔ばなしに時の経つのを忘れる思いをした。この店からは今でもカタログが送られてくる。

英国人は一度仲良くなると、その関係は実に長く持続する。ロンドン滞在から既に四半世紀以上たつが、毎年、必ず一度手紙が来る人が数人いる。カンボジア語のジェイコブ先生、ビルマ語のアロット先生がそうで、なんの用事もないのに近況を知らせてくれる。私も、毎年、年賀状代わりに和風の卓上カレンダーを送って既に三〇年近くになる。こうした交友は死ぬまで続けたいものだと思う。

ロンドンへは家内と長男、長女を同伴したので、学校の休みにはつとめて旅行をすることにした。英国人は旅行好きと見えて、手帳を買うと必ずと言っていいほど、「旅行エージェント」の電話番号を書く欄が付いていた。

国内ではイギリス最西端の町ランズ・エンド、カンタベリー物語で名高いカンタベリー、独自の文化を誇るヨーク、シェイクスピアで有名なストラスフォード・アポン・エボン、ローマの浴場跡のあるバース、怪獣の住むと言われるネス湖、スコットランドの首府エディンバラ等々、バス・ツアーに参加したり、マイカーを運転したりしては訪ねまわった。

スコットランドにはイングランドとの間に国境がある。さらに、スコットランド銀行発行の別のポンド紙幣が流通しているのを知り、なぜイギリスが連合王国と呼ばれるのかを実感したものである。ただ、どこへ行っても食事が単調でまずいのには、ほとほと参ってしまった。

スコットランドでの四日目だったか、エディンバラへ着くのが待ち遠しく、午後四時ごろだったと思うが、町へ入るや否やデパートで安い買い物をして中華料理屋の場所をたずね、さっそくその店へ飛び込んで、腹いっぱい中華料理を堪能した。それからお城などの見物をすませ、夜の八時ごろまた同じ中華料理屋へ出かけて、もう一度食べなおした。それまで食欲を完全に喪失して、胃に物が入らなかったので、空腹を通り越すほどにお腹が減っていたのだろう。ボーイが、さっき食べたばかりじゃないかといった顔つきで注文を取りに来た。

七泊八日で一人五〇ポンドという格安のヨーロッパ旅行も試みた。ドーバーをフェリーで渡り、オランダのオーステンドを振り出しに、アムステルダム、ブラッセル、ルクセンブルク、ケルン、ボン、パリをバスで回る旅で、安いだけにホテルはすべて二つ星。同行者の大半は留学生という気のおけない旅行だった。ツアーコンダクターはオランダ人の男性だったが、大変なポリグロットで、英語、ドイツ語、フランス語、オランダ語を自由に操るのを聞いてつくづくうらやましく思ったものである。

ルクセンブルグでの思い出は、ドイツ語の新聞で「ポンピドゥ仏大統領死去」という記事を読んだことである。そのおかげで、パリではノートルダム寺院の参詣ができなくなってしまった。故大統領の葬儀の日とわれわれグループのパリ滞在がぶつかったからである。後日、もう一度パリを訪ねて、今度はゆっくりノートルダムの大寺院に詣でることができた。

タイに暮らし、タイ語を中心に東南アジアの勉強を続けてきた私にとって、ヨーロッパはなんとなく別世界だった。ヨーロッパを研究している人に、なんとなく引け目を感じていたことは事実である。一年半のロンドン留学の成果のひとつは、こうした自分の「ヨーロッパ・コンプレックス」がなくなったことである。

ロンドンには数百人の日本人研究者がいたらしいが、よく本を読むこれらの日本人研究者で、英国人と付き合っている人が意外に少ないことを知った。日本人研究者のことを「ミスター・ゼロックス」と揶揄した人がいる。大英図書館やロンドン大学の図書館に一日中こもって、本を読み、それを複写して山のようなコピーをお土産に帰国する。どうやらこれが、まじめな日本人研究者のステレオタイプだというわけだ。

ある時パブでビールを飲んでいると、日本人ですか、と声をかけて横に坐った人物がいた。東京の有名大学の教授という名刺を渡された。飲むほどに酔うほどに彼が漏らした独り言が耳に残っている。「日本はいいですね。英語がわからなければだれにでも教えてもらえたのに、ここではだれにも聞けませんからね」

せっかくロンドンにいるのだからと、家内の協力を得て、手当たり次第知り合った学者たちを家へ招くことにした。日本ではおいしい食事を提供することがホスピタリティの中核にある。だから謙遜して「なにもありませんが、どうぞ召し上がってください」などと言う。ロンドンで学んだことは、パーティの中心は食事ではなく、会話だということである。とにかく彼らには会話を楽しむという文化がある。私も友人の家へ招かれると、日本について、私の専門について、次々と質問され、そのやりとりがパーティの重要な中身であることを痛感させられたものである。

言語学の研究をやろうと思って、理科をやめて文学部に進み、タイの言語を学ぼうと思って大学をやめ外語の門をたたいた。しかし本物のタイ語に早く触れたいばかりに外語もやめ、外務省のノンキャリの道を選んだ。友人たちはこの段階で石井は学問をやめた、と理解したふしがある。しかし私は、学問を棄てる気はさらさらなかった。それどころか学問の本物の対象を早く見つけたかったのだ。

だが、大学の研究室とちがって、役所づとめの身では使える時間は限られていた。外務省に入ったとき、私は、研究者をめざす友人たちが一日でやれる勉強に自分は一〇日かけようと決心した。一〇日でできなくても、倍の二〇日あればできるだろう。こう自分に言い聞かせた。

大学という組織からは離れたけれども、学問の世界とは、小林先生の存在によってつながっていた。時々いただいた「勉強しているかね」という先生の手紙は、私の怠け心の鞭となった。古本市に日参するエネルギーも、将来の論文執筆の準備をしようとする気力も、もし小林先生がいなかったら萎えてしまっていたかもしれない。

手探りの論文執筆は遅々として進まなかった。しかしむかし覚えたラテン語のことわざ「Festina lente（ゆっくり急げ）」がいつも頭の中を去来して離れなかった。そしてある日突然、研究者の道がひらかれたのである。ずいぶんと遠回りの旅だった。しかし、これで目指す目標がはっきりとしてきた。あとは歩き続けるだけである。

第4章　旅、終わらず

上智大学へ移る

一九九〇年、六〇歳になったとき、上智大学のアジア文化研究所から東京へ出てこないか、というお誘いをいただいた。京大の定年は六三歳なので、あと三年あるわけだが、六〇歳で定年となる大学もあることだし、外務省一〇年、京大二五年というのはちょうどきりがいい、という理屈にもならない理由で、京都を去って、上智に移り、三度目の人生をスタートさせることに決心した。

一九六三年にタイの大使館勤務を終えて帰国し、二年間、本省勤めをしていた間、麹町の二番町の母の家に同居させてもらっていたことがあったので、上智のある四谷にはなじみがあった。それに、最初の著書に好意的な書評をして励ましていただいた門脇神父のおられるキャンパスが、新しい研究と教育の場となることについても、なんとなく嬉しく思った。

いうまでもなく、上智大学はイエズス会の高等教育機関である。カトリックについては、以前、上座仏教の宗教社会学的分析をする過程で、少しばかり勉強したことがあるが、せっかくカトリックの大学に移るのだから、これを機会に、カトリックについても、もう一度勉強のしなおしをしようと考えた。

タイにプロテスタントの宣教が始まったのは一八二八年のことである。この年、オランダ宣教師協会所属のドイツ人医師ギュッツラフは、ロンドン宣教師協会の同じく医師の英国人トムリンとともにバンコクに渡った。タイにおける、いわゆる医療伝道の開始である。タイ語で医者のことを「モー」と言うが、その後来タイしたミッショナリーがいずれも「モー」と呼ばれるのは、こうした歴史をその背景としている。

一九世紀のキリスト教は、この西洋医学の例のように、近代的科学技術とセットでタイに紹介されたのである。科学技術には興味がある。しかしタイには長い仏教の伝統があり、いまさら改宗の必要はない。タイの仏教徒知識層は、この二つをどう分けて扱えばいいのかに、かなり頭を使ったようだ。

というのも、若い、特にアメリカからやってきた宣教師たちは、あたかも未開野蛮の民でも教化するかのような気持ちでタイに渡っていった形跡がある。彼らの基本的姿勢は、進んだ科学技術をもたらしたものはキリスト教であり、タイが遅れているのは、遅れた宗教である仏教を信じているからだ、という点に尽きる。彼らの残した宣教日記を見ると、なにかにつけて「迷信から逃れられないタイ人」といった思い込みがちらほらと見え隠れする。

こうした宣教師たちに反論して、伝統思想の根幹である仏教を守るためには、仏教が決して迷信などではないことを証明する必要に迫られた。後にタイ国王となるモンクットは、当時まだ僧院にいて黄衣をまとっていたが、こうした宣教師たちと「思想戦」を闘ったチャンピオンとして知られている。彼と彼の影響を受けた開明的なタイの知識人たちは、仏教は迷信どころか、きわめて合理的な宗教であり、ヨーロッパの近代思想に合致する合理主義を基本としている、むしろ非合理なのはキリスト教の側ではないのか、と果敢な言論戦を挑んでさえいる。

私はこの問題について、「モンクットを中心とするタイ人仏教徒知識人」対「アメリカ人宣教師」という図式で考えを進めてきた。そして、タイの知識人たちがアメリカ人宣教師を向こうに回して、言論の戦いを挑んでいることを知ったが、研究すればするほど不思議に思えるようになったのは、モンクットたちのキリスト教知識の豊富さであった。しかし、彼らがどうやってキリスト教知識をものにしたのかについては特に疑問も持たず、不明のままに研究を続けていた。

上智に移ってから、昔、東京外語時代に読んだことのあるラテン語で書いたタイ語の文法書のあることを思い出し、古いコピーを引っぱり出して読み返しているうちに、どうやらその本の著者であるパルゴアというカトリック神父が、モンクットの上に、キリスト教について見過ごせないほど大きな思想的影響を与えているのではないか、と考えるようになった。

私は、せっかくカトリックの大学にいるのだからと、このパルゴア神父について調べることにした。そして、幸いフランスのある研究所から一ヵ月招待されたのを機会に、パルゴア神父の所属した「パリ外国伝道協会」の図書館に通うことにした。リュ・ド・ベックにあるこの図書館には、この協会から各地に派遣された布教師たちの報告書がぎっしりと詰まっていた。当然のことながら、パルゴアの送った報告書も見ることができた。そして関係文献を漁れば漁るほど、パルゴアとモンクットの関係は、なみなみならぬほど深いと確信するようになっていったのである。

「モンクットにキリスト教知識を伝授したのは、ほかならぬパルゴアに違いない」という思いが私から離れなくなった。パルゴアとモンクットの関係については、パルゴアがモンクットにラテン語を教え、モンクットはパルゴアにパーリ語を教えたという話が広く知られている。パルゴアが教えたのはラテン語という言語だけではない、キリスト教自体に違いない。私は自分の立てた作業仮説を確かめるために、今度はバンコクに行き、モンクットが住んでいた寺を訪ねることにした。

そこで発見したのは、パルゴアの教会は、モンクットの僧坊を指呼の間にのぞむ位置にあったという事実である。バンコクはチャオプラヤー川沿いに建てられた町である。人々は網の目のように掘られた運河を日常的な交通手段としている。たぶんパルゴアも小舟を漕いでモンクットを寺院に訪ねたに違いない。これがそれまで私の抱いていたイメージだった。しかし現場を訪ねてみると、それは幅二メートルほどの小運河を挟んで、いわば地続きであることがわかった。これなら、毎日のように二人が話し合っていたとしても不思議ではない。

毎日、日が落ちて涼しくなると、アソンプシオンの教会からパルゴアの姿が現れる。今日もモンクットとの交換授業だ。ラテン語とパーリ語の交換授業が終わると、パルゴアは聖書について懇切丁寧に解説する――。おそらくこんな情景があったではないか、と想像する。

ある時モンクットは、僧坊を訪れたパルゴアに対して、「あなたからいただいたキリスト教の本はすっかりシロアリに食べられてしまいましたが、その内容はしっかりと私の頭に入っていますよ」と言ったという話が、パルゴアの報告書の一節に見える。

パルゴアとモンクットがともに青年時代を過ごした場所をこの目で確かめることによって、両者の関係がなみなみならぬほど深いことを実感することができた。こうした調査を経て、私は、パルゴアが後に彼の力作であるタイ語の辞書に代表されるさまざまなタイ研究書を著すことができたのは、ひとえに良き隣人であったモンクットのおかげであったこと、また逆に、モンクットに豊富なキリスト教知識を与えたのは当のパルゴアにちがいないことを確信するにいたった。

パルゴアがラテン語で著した『タイ語文法』には、「文法書」という名称とはうらはらに、当時のタイの知識人世界に関して驚くほど多くの情報が盛られている。その中には、なんと一四六点ものタイ語の写本の文献目録が収録されているのである。印刷術もまだ普及していなかった時代に、外国人ひとりの仕事とはとても思えない。よく知られているように、当時のタイ人は、外国人がタイ語の写本を見ることをたいへん嫌ったようである。とすれば、パルゴアが一四六冊にのぼるタイ語の写本を見ることができ、その文献目録を作成したことは、タイ人のだれか、おそらくはモンクットの協力を得て初めて可能となったのにちがいない。

パルゴアの報告書のひとつには、これとは逆に、モンクットが「教会で司祭がするのと同じ説教」ができると、カトリックであった彼の部下に対して自慢した話がのっている。これなども、キリスト教についての知識をパルゴアを通じて得ていたと考えれば納得がいく。若い時、言語学の基礎知識として学んだラテン語が、まさかこんなところで役に立とうなどと考えてみたこともなかった。

上智大学でのもうひとつの思い出は、ＩＡＨＡの開催である。ＩＡＨＡというのは、東南アジア史を中心としたアジア史研究者の国際的学会で、既に四〇年以上の歴史を持ち、三、四年に一度、アジア各地を持ち回りで開かれてきた。その会長の番が、たまたま私の上智在勤中にまわってきたのである。会長は世界中にちらばっているアジア史研究者を自国に集めて、大会議を開く責任がある。しかもそれは日本で開かれる最初のＩＡＨＡ国際大会であった。

会長はまず会議開催のための資金を集めなければならない。今までそんなことはやった経験がないので、友人に聞いてみると、ある経済団体を紹介してくれた。そこを訪ねてみると親切にも二〇社ほど紹介してくれるという。ありがたい、と感謝したが、念のためにふつう一社でいくらくらいいただけるものでしょうか、とたずねると、そうですね、たいてい五万円位だと思いますよ、という答えが返ってきた。

よく考えると、少なくとも一社を三回は訪問する必要がある。まずお願いに出かけ、寄付金を頂戴にあがり、そしてお礼にもう一度行く。タクシーに乗ったり、途中なにか食べたり、靴の減り具合などを考えると、いささか効率が悪いと直感した。そこでせっかくのご厚意を無にして悪いのですがとお詫びして、退散した。

結局、ご寄付をいただいた会社は昔から知り合いの一社のみで、あとは大口を探すことにした。外務省、国際交流基金、関西の財団等々をつてを頼って訪ね回り、とにかく数十人の外国人研究者を招聘する資金のめどをつけることができた。会場については、上智大学に共催をお願いし、「現物支給」のかたちでご援助いただいた。

私はもっぱら資金調達係に徹し、事務は上智の同僚のTさんを指揮官として一切をおまかせすることにした。ありがたかったのは、上智の院生の諸君たちの協力で、英語やフランス語に堪能なこれらの若い院生諸君の協力なしには、この会議はぜったい成功しなかったと思う。むかし京都にいたとき、学会の下働きをする院生がユーモアをこめて自分たちのことを「奴隷」と呼んでよく働いてくれたものだが、その「文化」は東京にも輸入されて、上智の院生諸君も自分たちを「奴隷」と呼んでは時のたつのも忘れたように献身的に働いてくれた。

学会の最終日、主催者側の型どおりのあいさつのあとで、この会議を成功に導いたのは、日本の院生諸君を中心とするグループのおかげなので、ご紹介しましょうという司会者の声に導かれて、二〇名ほどの院生たちが入場してきた。拍手で迎えられた行列の先頭に立った院生のMさんが、「わたしは奴隷頭」です、と名乗ったとき、場内が爆笑の渦につつまれたのは、いい思い出のひとつである。

雲南旅行の経験から

ある日のこと、旧知のチェンマイ大学のルチャヤー教授から、中国雲南省の徳宏タイ族の調査を計画しているので参加しないかという誘いの手紙が舞い込んできた。現地出版の資料を収集したいので、漢字の読めるメンバーが必要だというのである。徳宏タイ族チンポー族自治州は、同じ雲南省でも、水かけ祭で有名になり毎年ツアーがでかける西双版那《シーサンパンナー》タイ族自治州などと違い、つい最近まで外国人の入境が禁止されていた辺境中の辺境だ。そこへ調査に入れるなど考えてみたこともなかったので、二つ返事で引き受けることにした。

あとでわかったことだが、タイ側の参加者は、歴史学者のルチャヤー教授のほか、いずれも長年おつきあいしているタイの学者ばかりだった。タイ語碑文学の世界的権威プラサート博士、それに北タイ出身の法制史家で一緒に本を出したこともあるアルンラットさんと団長のルチャヤー教授の三人である。私には「漢字のわかる偽タイ人」の役割が期待されていたらしい。中国側からは、タイ語専門の言語学者とタイ族出身の歴史学者が加わった。

徳宏タイ族の言語は、文字の形が西隣のビルマのシャン州の諸言語とはまったく違う角張った書体で、中国の学者はこれを「方体字」と呼んでいる。これを是非実見したい。さらに、徳宏タイ語にはバンコクで話される標準タイ国語では失われてしまった古い発音が残っている話を、昔、松山納先生の授業で聞いたことがある。それやこれやで、出発前からひさびさに期待に胸をふくらませた。

南西タイ語の話し手が生活する居住空間は、山間盆地である。日本で言えばさしずめ京都の北部、八瀬とか鞍馬のような観光地の風景を想像すればいい。周囲を山に囲まれた平野には、一面に水田が広がり、灌漑用の小運河が四通発達している。京大に勤めていたとき、家が修学院にあったので、山間盆地の風景にはなじみがあった。

チェンマイ空港をたって一時間半で雲南の首都昆明に到着する。そこからさらに国内線に乗り換えて西へ八〇〇キロあまり飛ぶと、徳宏タイ族チンポー族自治州の主邑芒市につく。チェンマイほど大きくはないが、想像したとおりの典型的な山間盆地だった。

アルンラットは「北タイそっくりだ」とはしゃいでいる。彼女は旅装を解くなり、近所の農家を訪ね歩き、農具の呼び名を聞いて回った。その多くが現代チェンマイ方言と一致するが、一致しないものもある。彼女が幼いころ祖母から聞いた古いチェンマイ方言と一致する場合が多いの

徳宏のホテル

に驚いたと話していた。「やっぱりこれはまちがいなくタイだわ」と彼女は感慨深げだった。

私自身にとっての関心の第一は、母音の発音だった。標準タイ語には「アイ」という発音を著す母音記号が二つある。今ではまったく同じ発音になっているが、昔は別々な音を表す文字なので、別の形をとると習った。ひとつの字は「アイ」を表し、もうひとつの方は「アウ」に近い音であったことが知られている。

早速宿舎に決まった「芒市賓館」の服務員をつかまえてためしてみることにする。「心（チャイ）は徳宏ではなんと言う」と聞くと「チャウ」だと言う。「木の葉っぱ（マイ）は」と言うと「「マウ」だ」と言う。聞かれた芒市の男も女も、子どもみたいなことをなんで聞くのか、と言わんばかりのそぶり、「チャウ」「マウ」に決まっているじゃな

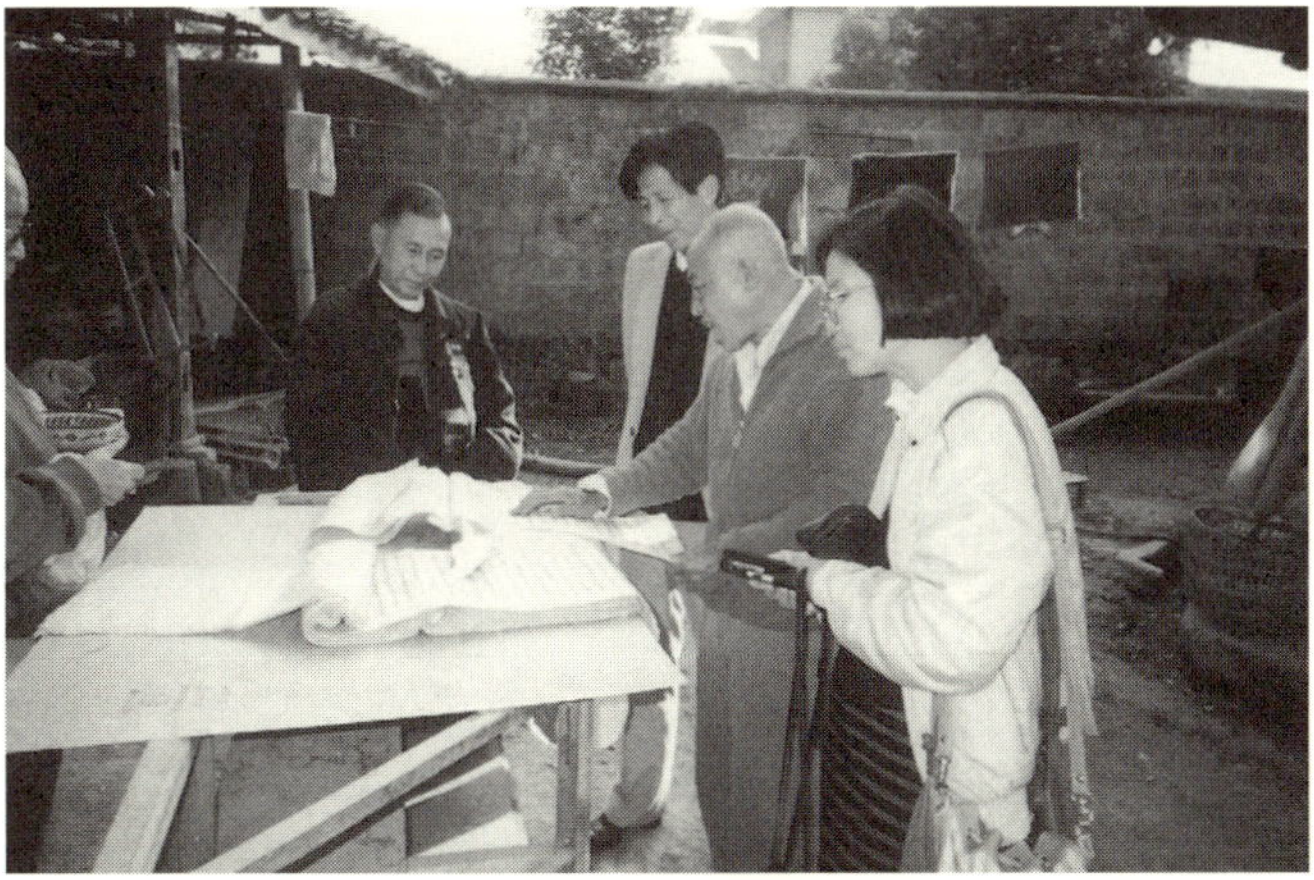

徳宏での文献調査

いかとでもいいたげな様子だった。

　昔、言語地理学の勉強をした時に、変化をもたらす時間の差は、しばしば地域の差となって現れると教わった。しかしそれは教室での話。今、現実に、バンコクから一〇〇〇キロも離れた徳宏に一三世紀の発音が残されていることに、深い感銘を受けた。これだから学問は面白くてやめられない。

　芒市の本屋をぶらつく。徳宏タイ語の文献探しである。棚に並んだ本の表紙はすべて中国語。これではルチャヤーは手が出ない。そこで「偽タイ人」の出番となる。『徳宏古泰文音系初探』という南西タイ語の音韻を比較した研究書がまず目に入った。『徳宏泰族景頗族自治州概況』はこの地域全体についての概論で役に立ちそうなのでこれは買うことにする。さらに『徳宏泰族社会歴史調査』というフィールド調査の報告があった。一九五五年、一九五八年とやや古い調査だが、臨地調査ということでその価値は高い。これも買う。かつてこの自治州におかれた土司の系譜をたどった『孟士司世系』は、前半が中国語訳で、後半は徳宏タイ文字の原文。これなどは表紙が読めない限り金輪際わからない代物である。最後に見つけたのが『漢泰詞典』で、中を見るとまぎれもない徳宏タイ語辞書である。雲南民族出版社の発行なので、おそらく北京の書店では探しにくい本に違いない。これらの本は、このほか見つけた雲南在住の他のタイ族関係の文献といっしょに購入され、チェンマイ大学図書館の書架を飾っているはずである。

芒市のような山間盆地で営まれる水田は、平野を流れる川をせき止めて水位を上昇させ、その水を人工的に掘削した導水路によってあちこちの水田に配水して灌漑を行なうのが一般的である。その堰はファーイと言い、導水路はムアンと呼ぶ。こうした農業生産の形態は広く南西タイ語の話者の間で見られる生産様式で、用語もほとんど同じ語が用いられている。ここ徳宏でも同様で、同種の灌漑方式がとられ、用語もファーイ、ムアンとまったくいっしょだった。あらためて「南西タイ諸語」の話者の営む社会の「均質性」を見る思いがした。

こういう空間に身を置いてタイ族の歴史を考えてみると、現在のタイの核心域にあたるバンコクや、その前に都が置かれ低平なデルタの末端部に位置していたアユタヤは、山間盆地の町や村とはかなり趣を異にしていることに気づく。南西タイ諸語の話し手たちは、西はインドのアッサムからビルマを経て雲南あるいはそれ以東まで広い範囲に点在する山間盆地をその居住地としており、農業の生産形態は比較的均質である。バンコクから見ると、北タイはタイ国の辺境であり、インドやビルマや雲南は国境外の世界、同じく辺境に見えるのだが、これらのタイ族を歴史の主人公において考えてみると、デルタの末端に位置し、海に向かって開かれて、いわゆる港市国家としての歴史を背景に持つタイ国は、かなり特殊な発展をとげたタイ族の国家と言わなければならないのかもしれない。こうした感じをつかめただけでも、今回の旅行は貴重な経験だったと思った。

歴史学という学問は、文献に依拠して成立する学問であり、そのために、依拠すべき文献はいかにあるべきかについてきびしい検討が求められる。文献の外的批判、内的批判といった手続きなしに資料を使うことは許されない。この原則は守られなければならない。ただ、文献の精査と並んで、その歴史がどのような空間に成立した社会の営みの記録であるかについても、文献と同じくらいの比重で検討する必要があるように思う。フィールド調査と言うと、それは人類学者の専業と考えやすいが、現地に行って、歴史を肌で感じることは、文献の読みに深みを加えるのである。その意味で、徳宏タイ族自治州旅行は、私にタイ史の見方を一変させるほどの強烈な印象を与えるものであった。

学長業と研究と

上智の定年年齢が引き下げられ、やめたあとの生活設計をどうしようかと考え始めていたある日のこと、神田外語大学から、学長職を引き受けないか、というお誘いをいただいた。突然のことでもあり、研究に専念したいという気持ちもあったので、一瞬迷ったが、これまでの人生を振り返り、節目節目で出会った人との因縁を大事にしてきたことを考え、思い切ってお引き受けすることにした。

言語学でスタートした研究への関心に、もう一度立ち返ってみるのもひとつの方法かなという気持ちの働いたことも事実である。一番早く学会員になっていながら、過去二〇数年間、研究大会へは一度も出ず、会費だけを払い続けていた言語学会とのかかわりが、また意味を持つかもしれないとも思った。

なってみると、学長という仕事は、学内の仕事もさることながら、学長であるというただそれだけの理由で、学外の仕事がとめどなく飛び込んでくることに気づきはじめた。だから、よほど気をひきしめてかからないと、研究者としてのアイデンティティがどこかへ消えてしまうおそれがある。そこで自分に課した義務は、専門分野を走る先頭集団の姿だけは決して見失ってはいけないということであった。

考えてみると、同じような気分を昔、外語大をやめて外務省に入った時に味わったことがある。大学を卒業し、大学院に進み、助手、講師、助教授と研究者の王道を歩むことを断念し、研究者としてではなく大使館員としてタイに行って研究を続ける道を選んだとき、その選択は、友人たちに、彼は研究者になることをあきらめたのだと受け取られてしまった。

こうした友人たちの反応を見て考えたのは、こういうことだった。研究者が一〇時間を研究のために使えるとしたら、自分はおそらく三〇分くらいしか割くことはできないであろう。それでも、その三〇分を積み重ねれば、塵も積もれば山となるのたとえのように、研究者でありつづけることができるかもしれない。そのためには、少なくとも、今研究がどういう状況になっているかだけは、きちっとフォローする必要があるのではないか。

「研究の最先端と自分との間の落差についての緊張感さえ失わなければ、たとえスピードが遅かろうとも、本質的な問題とはならない。頑張りなさい」と励ましてくれたのは、タイでお目にかかったアジア経済研究所のSさんだった。Sさんの助言は今でも正しかったと感謝している。

そんなことから、多少の無理はあっても、積極的に機会をとらえて研究を続けることだけは忘れないようにしようと、学長にはなったが、上智時代から仲間に入れていただいていた東京外大ＡＡ研の新谷忠彦教授の共同研究プロジェクト「シャン文化圏研究」のシャン州調査に参加させていただくことにした。

新谷さんが「シャン文化圏」と呼ぶ文化地域は、タイ国の北部からビルマのシャン州、ラオス北部から中国雲南省の南西部にかけての広大な地域に分布する「南西タイ諸語」の話者の世界である。前に書いた徳宏のタイ族もこのグループに入る。この現地調査に加えていただければ、前年の徳宏旅行で得た収穫以上のものが期待できると考えたので、早速お引き受けすることにしたのである。

新谷チームは言語学者と歴史学者の混成部隊で、その学際性の魅力は大きかった。現地を歩きながらする議論がいかに刺激的でありかつ有効なものであるかは、かつての「稲作調査団」と梅棹チームに同行した経験で、痛いほど感じているからである。

今回の調査地域は、同じシャン州でも東部地方の「クン語」地域だった。これまでもシャンについてはそれなりの関心を持ち、参考資料なども集めてきてはいたものの、シャンについてのイメージはなかなか固まらなかった。たくさんの山間盆地があって、それぞれの社会を「ソーボア」と呼ばれる藩侯が統治している、といった漠然として考えしか持つことができなかった。

結論を先に言ってしまえば、それが今回の現地調査によって、実にはっきりとしたシャンのイメージを持つことができた。そればかりではない。それが、徳宏旅行で得たヒントを更に拡大して、タイ史の再編成作業にもつなげることもできたのである。

「クン語」というタイ諸語の一方言のあることは、外大時代から知っていた。インド各地で行なった言語調査の膨大な報告書の中で、タイ系の言語のひとつにあげられていたと思う。しかしその言語の話者の世界についてはまったくわからなかったし、また関心もなかった。

シャン州のクン語地域の中心はケントゥンである。ケントゥンは、太平洋戦争中、一時タイ領になり、日本領事館が置かれたこともあった。しかしビルマからすると辺境中の辺境にあたる東部シャン州は、政治的に不安定な地域のひとつとして、長く外国人の立ち入りは禁止されていた。

ところが運のいいことに、ミャンマー政府は一九九七年を「ミャンマー訪問年」と定め、観光産業の振興という見地から、外国人のケントゥン旅行を解禁したのである。二週間を限度に外国人の旅行を認めるというこの臨時措置の結果、欧米人を中心とする多くの観光客がケントゥンを訪れた。われわれもその隙間にもぐりこませてもらったという次第である。これが考えられないほどの幸運であったことは、われわれの帰国後まもなく、この特別措置がとりやめとなってしまったことからもよくわかる。

常識的に言えば、日本からシャン州に行くのは、まずヤンゴンに飛び、そこから国内線でタウンジーへ行くのが普通のルートである。京大時代にこのコースでタウンジーまで出かけたことがある。

シャン州の地誌として有名なスコットの報告書では、シャン州を、Cis-Salween（サルウィン川の手前）とTrans-Salween（サルウィン川の先）の二つの部分に分けている。サルウィン川というひとつの指標によって、シャン州を二つに区切るというスコットの分類では、「サルウィン川の先」は消極的にしかとらえられておらず、イメージが沸かない。こうしたシャンについての先入観を排除する意図があったかどうかは別にして、結果的にはその役割を果たすことになったのは、ケントゥンへの入境ルートをタイのチェンライを経由の南からとしたことである。

チェンライから国境の町メーサーイまでの道は、さすがによく整備された高速道路だったが、ひとたびミャンマー領にはいると様相は一変した。国境の町ターチーレイッを過ぎ、平地から山あいに入ると、そこには恐るべき悪路が立ちはだかっていた。かつて日本軍が作ったというこの道は、雨季であればさすがのジープもおそらく進むことはできない、想像を絶する悪路である。ケントゥンまでの一六八キロを走るのに、優に一〇時間を要した。かなり早朝に出発し、乾季の乾燥した季節だったにもかかわらず、ケントゥンに到着した時には、日はとっぷりと暮れていた。

シャン州だと思ってケントゥンにやってきた。行政的に見ればそれはまったく正解である。ところがケントゥンの住民と話をしていると、たとえばタウンジーはいわば他国のように感じている。一方、国境を隔てたタイのチェンライや、ラオスのルアンプラバン、さては雲南の景洪のタイ族に対しては強い親近感を抱いていることを知った。

ある寺の坊さんから「ハー・チエング」という言葉のあることを教えてもらった。「五つのくに」を意味するこの表現には、チエントゥン（=ケントゥン）、チェンライ、チェンマイ、チェントン（=ルアンプラバン）とチェンフン（=景洪）の五つの地域が含まれているのだという。これらのくにはケントゥンの人にとって通婚圏でもあるらしい。この五つの国の共通項を考えてみると、いずれもメコン河の流域であることがわかる。チェンマイは少し離れているが、これも元々チェンライの延長上にあったのだ。

植民地官吏のスコットはサルウィン川の視点からシャン州を観察して、「サルウィン川の手前」と「サルウィン川の先」に二分した。しかし彼は「サルウィン川の先」に積極的な定義を与えていない。今回の現地調査の収穫のひとつは、ケントゥンが実はサルウィン川とは無関係で、メコン河流域文化圏のひとつであることを発見したことである。近代に引かれた国境線が歴史の現実を覆い隠してしまったひとつの事例をここに見るのである。

ケントゥンの寺院。看板の文字は英語、タイ語、ビルマ語、クン語で書かれている。

ケントゥンの人々が、サルウィン川流域のタウンジーとは異質であると感じているもうひとつの理由を感じたのは、滞在中訪ね回った市内外の仏教寺院で行なった坊さんからの聴き取りの過程においてであった。

ケントゥンには四四の寺院があるが、その内訳はクン系が三三寺、シャン系が一〇寺、ビルマ系が一寺である。そのほとんどすべてをたずね回った結果、クン系寺院の坊さんと、シャン系寺院の坊さんは、仏教儀礼を共にしないことがわかった。宿にもどって聞いてみても、坊さんを招く時は、クン系とシャン系をはっきりと区別し、一緒に招くことはしないという。

その理由はなんだろうと考えてみた。もしかすると、お経の読み方が違うのではないだろうか。留学時代送った僧院生活のおかげで、パーリ語の読経にはなじみがある。タイにはタマユットとマハーニカイという二つの派があるが、パーリ語の読み方に少しばかり違いがある。タマユット派はパーリ語の原発音に固執するのに対して、マハーニカイ派のほうはタイ語式に読む。たとえばタマユットが「ナモーダハッサ」とパーリ語の有声有気音を強調するのに対し、マハーニカイの方は、「ナモータッサ」とタイ語流に発音するのである。それほどの違いではないので、両派が儀礼を共にしないということはない。

タイに留学したことがあるという坊さんを見つけていろいろ質問するうちにわかったことは、クン系の坊さんはタイ式に「ナモータッサ」と発音するのに対して、シャン系の寺院ではこれを「ナモータタ」と唱えるということである。しかも唱えるスピードに微妙な違いがあるらしい。後者がビルマの影響であることは明らかだ。ビルマ語ではパーリ語のSはTで受けるから、「タッサ」は「タタ」と唱えられるのである。これに読経のスピードの違いを加えると、二派の坊さんの読経の合唱が儀礼になじまないと考えられるのは当然かもしれない。

要するに、「サルウィン川の手前」のシャンはビルマ文化圏なのである。それに対して、「サルウィン川の先」の方は、メコン文化圏に属する。本で読んだだけではわからない、文化世界の違いの大きさの持つ意味をこれほど実感したことはなかった。

雲南省の徳宏旅行と今回のケントゥン旅行で得た経験は、それまでの私のタイ史認識の枠組みに大きな疑問符を突きつけるほどに大きいものがあった。考えてみると、タイの学校で教えているいわゆるタイの「公定史観」は、東西を西欧植民地勢力にかこまれながら国民国家を形成しなければならなかった一九世紀末から二〇世紀初頭にかけてのタイの歴史的状況の中で形成された言説であり、いわばたてまえの歴史像であったわけで、そこからスコータイ、アユタヤ、トンブリ、バンコクという中部タイから見た歴史が編まれていったのである。

当然のことながら、そこでは北タイはタイ王国の辺境として位置づけられ、北タイがケントゥンやルアンプラバンや、中国の西双版那《シーサンパンナー》などと結ぶ文化圏の存在などはまったく無視されていた。なぜなら、そこはタイ国境の外の世界だからである。いやむしろ、現在タイ国の核心域となっている中部タイは、もしかするとタイ族の世界の中では、きわめて特殊に形成された世界なのかもしれない。一七世紀のヨーロッパ人が証言しているように、アユタヤの人口構成が四三もの民族を含んだきわめて複合的な構造を持っているのだとしたら、そしてその伝統をトンブリやバンコクが継承しているのだとしたら、探求すべきはむしろ、その複合的な人口がなぜ経済的、政治的に発展し、タイの中核となっていったのか、その理由なのかもしれない。

現在の私の関心は、このようにタイの公定史観の脱構築に向けられている。タイの歴史の勉強はますます面白くなりそうである。

学問は面白い

言語の習得に興味を持ったのがきっかけで、言語そのものを研究対象とする言語学に入り、先生のすすめで始めたタイ語が機縁となってタイに住むようになってから、言語はもっぱら手段となり、タイそのものに興味を持つようになった。もともと宗教に関心があったことから、タイの仏教の勉強に向かい、古くからのタイ人の慣習に従って僧院生活を送ることとなったが、その間、宗教社会学に対する関心がますます強くなり、自分の理解するままのタイ仏教のデッサンを書いてみた。これが最初の著書だ。

これと平行して、前近代のタイ社会の構造を知ろうとして「不自由労働制」の諸相についての勉強を始める。始めてみると、その資料として私が『三印法典』と訳したタイの古代法典のあることを教えられ、読みにくいその法律に読みふけった。旧約聖書と同じで、いろいろな時代のタイ語が入り混じっているこの法典を理解するためには、総辞索引を作るのが一番と、友人の手を借りて部分的な作業を始めたのだが、とにかく量が多すぎる。どうしたものかという話をコンピ

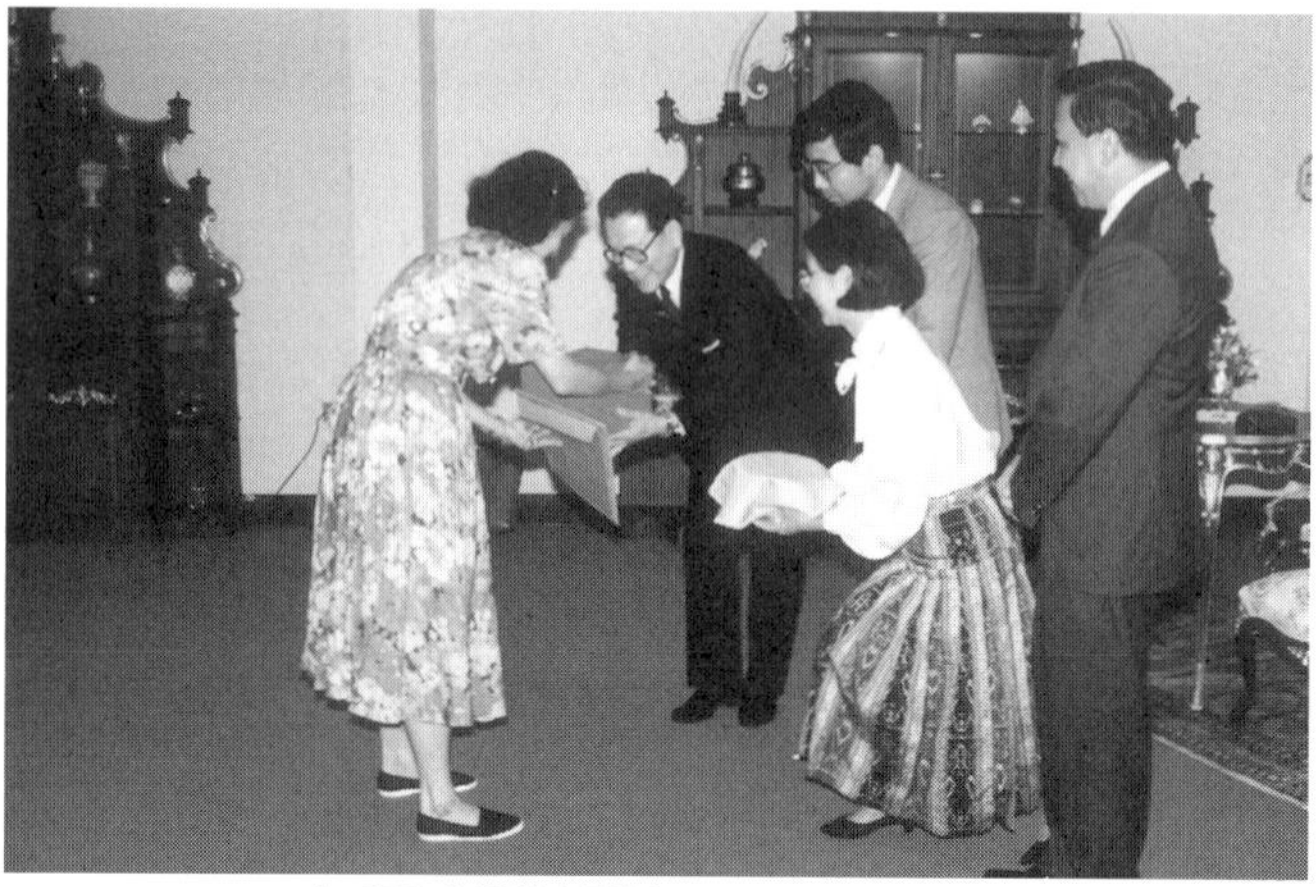

『三印法典総辞索引』をシリントン王女に献上。

ュータの専門家に話をしたのがきっかけとなって、『三印法典コンピュータ総辞索引』が出来上がることになった。この成果はタイでもたいへん評価され、バンコクで刊行された五冊本の総辞索引には、歴史学者のシリントン王女が長文の序文を寄せてくださるという光栄を得た。

タイの社会は稲作の知識なしに理解することはできない。こう考えたことがきっかけとなって、社会科学者、自然科学者の同僚たちと研究プロジェクトを立ち上げ、それの成果として前にも書いた『タイ国――ひとつの稲作社会』という本ができあがった。この本で提示した歴史の分析方法を、日本史や朝鮮史に応用してくれた研究が現れたときには、研究者冥利に尽きる思いにかられた。

タイでの僧院時代の経験がもとになって、タマユットという宗教運動に興味を持ち、それがカトリックの神父から見えざる影響を受けていることを知ってから、カトリックの歴史の勉強がしたくなり、フランスのカトリックの図書館に出かけて、古い報告書を読み漁った。言語学を志望して学生時代に勉強した古典語やロマンス諸語の知識が、よもやこんなところで役立とうとは、夢にも考えたことがなかった。いつかこれを一書にまとめることが現在の夢のひとつである。

一見はちゃめちゃな研究歴のように見えるかもしれない。研究者は自分のアイデンティティをはっきりさせなければならないのだが、自分の研究の足取りを振り返ってみると、なにがなんだかわからない。言語学もかじった。宗教学もかじった。宗教社会学もかじった。法制史もかじった。政治社会学もかじった。歴史学もかじった。おまえのディシプリンはなんだ、と聞かれるのが一番つらい。

出発点は小林英夫であり、先生に導かれたソシュールである。そこから社会的事実としての言語の分析学を知り、更に青年期の宗教遍歴の総括としての宗教社会学を学んだ。タイの社会史に興味を持つうちに、資料上の必要からタイの法制史を学ぶはめになる。歴史史料を扱うのだから、歴史学の基本であるテキストクリティークの勉強も必要となった。一見支離滅裂に見える。しかし主観的には、これらの間に一分の隙間もない。

これらを結んでいるのはなにか？　なにが私を精神分裂の危機から救っているのか？　すべてはタイである。研究の、と言ってはおこがましいかもしれないほど興味の尽きないタイがすべてである。すべてがタイに始まり、タイに終わる。それはなぜか？　タイから離れられなくなったからである。なぜ離れられないのか。サムセン家のみんながいるからである。ニワットさんである。ブンクワさんである。タイ語を教えてくれたカニターさんである。毎日おいしい料理を作ってくれたメーバーンである。出家を喜んでくれたナーイである。洗濯をしてくれたスピンである。毎日大門を開けてくれた庭師である。みんなに義理があるからである。彼らのひとりびとりの顔が、私をタイから離さないのである。タイ研究？　格好をつけて言えばそうなる。しかしそれ以前の存在としてのタイが、タイ人が、私の興味を駆り立てて離さないのである。

勉強が、申し訳ないくらい面白い。面白いなんて学問の冒瀆だ！と、怒られるかもしれない。だけど、面白いんだからしかたがない。だからやめられない。ただそれだけだ。

なぜタイ語をやったのですか、とよく聞かれる。小林英夫先生から「あまり人のやっていないアジアの言語をやれ」と言われた。当時シャム語と呼ばれていたタイ語はわけのわからない文字で書いてあるので面白そうだ。ただそれだけ理由で、タイ語を選んだのである。

松山納先生の手ほどきでタイ語を学びはじめてみると、本当に面白い。前にも書いたことだが、本格的にタイ語を勉強するために本当にタイへ行きたいと思った。それがすべての「旅」の始まりである。

「旅」を始めてみると、次から次へと偶然としか言いようのないほどの幸運が続いた。どこまで行くのか、自分にもわからない。ただ面白さに導かれて、今日まで続けてきた。これからも健康の続くかぎり、「タイへの旅」は続くだろう。続けるつもりではない。ひとりでに続いてしまうのである。なぜなら、面白くてたまらないからである。

人生は楽しんではいけないのか？　好きなことをやってはいけないのか？　人さまざまである。だが、自分の半生を振り返るとき、「こんなに楽しませてもらっていいのか」と思えるほど、人生は楽しい。その楽しみの対象に出会えた自分は幸せだと思う。

タイ語よりフランス語のほうがもっと楽しかったんじゃない？　ドイツ語のほうが良かったんじゃない？　こんな声を聞いたことが何度もある。だが、タイ語が楽しいんだからしかたがない。フランス語はできたら来世でやりましょう。今は、タイ語をもっと楽しみたいと思う。

カール・ポランニという経済人類学者が、人間のタイプを「ファクトール型」と「メルカトール型」という二つに分類している。「ファクトール」とは、東インド会社の商館に勤務する役人のことである。商館には商館長を筆頭に、上級商館員、下級商館員、商館員補などといろいろな階級があった。商館に採用された若者は、いつの日か商館長になることをめざして異境に旅たったものと想像される。他方、「メルカトール」とは商人の意味だが、これは「会社」に所属せず、会社の利権の合間をくぐって、自分で商売をするいわゆる「カントリー・トレーダー」を指す。

彼らにとって、昇進は無縁である。いくらもうけがあるが、それが彼らの主要な関心の的となる。「ファクトール型」と「メルカトール型」という二つの人間類型は、現在にも当てはまる。会社に入った新卒の学生は、まず係長を、そして課長、部長になること夢見、できうべくんば重役にまで出世したいと念願するだろう。いっぽう自営業を選んだ人は、ひとりでも多くのお客を迎えて、一銭でも収入の多からんことをねがう。

事情は研究者の世界でも同じである。大学院を出て学位を取った若手の研究者には、助手、講師、助教授を経て、いつの日か教授となることを目指す人間もいれば、たとえ万年助手と言われても、研究一筋で満足する人もいる。

省みて自分はつくづく「メルカトール型」人間なのかなと思う。「ファクトール型」の人間は、万年助手や万年助教授となることをおそれる。あの人は万年助教授だ、という悪口を聞いたことがある。だが私の場合、たいへん幸運なことに、助教授も教授も天から降ってきた。むしろ着せられた衣装と身体の隙間の居心地の悪さにさいなまれつづけてきたのである。衣装と自分の身体の隙間は、いまだに埋まっていない。未完成感が、いつも私につきまとってはなれない。一度でいいから、「やったー」という満足感を味わってみたいものだと思い続けて今日に至った。居心地の悪さを抱えての旅は、死ぬまで続くのかもしれない。その旅は、当分終わりそうもないのである。

あとがき

キリスト教では神の摂理と言う。最終的に人を善へと導く神の意思を指す言葉だ。仏教ならば、「弥陀の本願不思議に助けまいらせて」ということになろうか。人生を振り返るとき、私は人智を超える何者かの意志の存在を常に感じる。「求めよ、さらば与えられん」という言葉が聖書にある。一〇代の終わりに出会ったこの言葉の意味は、はじめよくわからなかったが、今自分の半生を振り返って、大事なことは「求めること」だと痛感する。「求め」なければ「与えられる」ことは決してない。そして「与えられた」ものを自分のものとして受け止める。そうすれば道は自然と開ける。少なくとも私の前には道が自然と開けていった。

幸運だったとつくづく思う。だが開かれた道を歩むのは自分である。歩くのは自分の足以外にはない。その足をどうやって動かせばよいのか。またどうやればそれを動かしつづけられるのか。それは自分の意思なのである。その意思が行為の動機付けとなる。一例をあげる。私は語学学習の秘訣を聞かれると必ずこう言うことにしている。外国語を習得する秘訣は個人の能力の優劣ではなく、かかって動機付けの強弱にある、と。このことは前にも書いた。動機付けが弱いと、いつしか学習を継続することが困難となり、最後にはやめてしまう。動機付けの更に背後には必要性の自覚がある。

前にも書いたように、私は若い時からロシア語を三度始めて、三度とも投げ出してしまった。理由は簡単で、動機付けが弱かったからである。最初に始めた時は、友人が皆やっているから自分もやらないと格好が悪い。ただそれだけの理由で文法と辞書をそろえたものの、名詞の曲用や動詞の活用形を暗記するのがおっくうになってしまい、ついに投げ出してしまった。二度目は、タイについてロシア語で書かれた文献を読めるようになりたい、というのが目的だった。しかし、ロシアにはモーリエフという人の書いた立派なタイ—露辞典があるが、歴史の本などはあまりなく、あっても教条的なマルクス主義一本槍のようだったことが、語学学習の意欲を萎えさせた原因のひとつである。三度目は、せっかく字を覚え、辞書が引けるようになったのだから惜しいではないか、といった程度の動機付けの弱さによる挫折である。

私は、外国語を学ぶには第一に強い動機を持つこと、次に外国語の学習はかなりの努力を学習者に強いるものだという覚悟を持つことが必要だと思う。辞書を引いて意味を調べる。本を読んでいてまた同じ単語に出会う。さっき引いたばかりなのに、頭に残っていない。また引く。しばらくすると、また同じ単語が出てきた。今度は、さっきこの単語は引いたばかりだ、ということは覚えているのに、肝心の意味は忘れている。そこで今度は赤線を引く。そして数ページ進むと、また同じ単語だ。もう一度辞書を引く。さっき引いた赤線がまぶしい。こんな調子である。

私は言葉を覚えるには、ざるで水を汲む覚悟がいる、と考えている。二度三度と辞書を引いて、俺はなんて頭が悪いんだなどと考えるのは甘えである。人間の脳はコンピュータのようにはいかない。エンター・キーを一度押せば、金輪際記憶の消えないフロッピーディスクとはわけが違うのだ。ざるだって水を汲める。ただ桶なら一回ですむ水汲みは一〇〇回必要になるかもしれない。でも単語を覚えたいという強い動機付けさえあれば、頭が悪いなどと言ってはいられない。どうしても覚えなければならないからだ。

若いとき是非読むようにと勧められた本は何冊かあるが、その中でも一番強烈な印象を残し、現在まで読んでいてよかったと思うのは、本居宣長の『うい山ふみ』という小編である。初学者に学問の心得を説いたこの本に、次のような一節がある。

「さらば才のともしきや、学ぶ事の晩きや、暇のなきやによりて、思ひくづをれて、止むることなかれ」

才能がないといって、晩学だからといって、時間がないといって、失望して勉強をやめてはいけない。宣長はこう教えている。ざるで水を汲む、という覚悟ができるのは、頭が悪い、記憶力が悪いというのは理由にならないというこの宣長の言葉がいつも脳裏に去来することによる。

正直のところ、私が全力を研究に打ち込めるようになったのは京大に就職した三六歳以降のことである。それまでは「日曜大工」でしかなかった。だから「学ぶことの晩きや」が当てはまる。学長になってからは会議、会議に追いまわされて、時間がない。だがこれもまた「暇のなきやによりて、思いくづをれ」てはいけないと、宣長さんに叱られる。というわけで、とにかく勉強は続けている。

と、こう書くと、なにか義務感にかられて無理をしているように聞こえるかもしれない。違うのである。前にもくりかえし書いたように、とにかく面白いからやるのである。面白くなければとうの昔に勉強はやめていただろう。

なにが面白いか。新しい発見が面白いのである。定説というものがある。学校でもそう教えている。そのとおりに書かないと点がもらえない。だがその定説は本当に真理なのか。ただ疑ってみなかっただけなのではないか。そこで、疑ってみると、次々と矛盾点が出てくる。そこでいろいろな仮説を立てて、別の説を考えてみる。すると、これまで気づかれなかったような証拠が、ひっそりと本の中にうずもれているのを見つける。そっと取り出して見直してみると、今までの定説の矛盾が一挙に解決するような重要な証拠であることに気づく。さっそくその新しい証拠に基づいて新説を立ててみる。うまくいった！　ところがしばらくすると、その新説に別のほころびが見えてくる。それを別の研究者が見つけて、そのほころびを縫い合わせ、新説を補強してくれるのだ。このプロセスが実に楽しい。学問はこうやって進歩していくのではないか。だから面白くなければやめた方がいい。でも、本当は面白いのに、ただその面白さに気づいていないだけなのではないか。どうすれば気づくことができるのか。

子猫がいる。子猫の前に紐に吊るしたピンポン玉をぶらぶらさせると、子猫はきまってこれにじゃれる。好奇心があるからだ。だが年老いた猫になると、ピンポン玉などには見向きもしない。それが食べられないことを知っているからである。老猫からは好奇心が失われているのだ。面白さに気づかせてくれるのは、人間の持つ好奇心である。好奇心のない人には研究は向いていない、と私は思う。

ただ研究だけが人生ではないだろう。研究者になることはひとつの人生でしかない。人にはさまざまな道がある。人は、自分で自らの道を探さなければならない。ただその道を見つけたと思ったとき、大事なのはその道を歩き続けることだ。水前寺清子は歌う。「三歩進んで二歩下がる」。でも一歩進んでいる。下がった二歩は考えないようにしよう。

母は生前よく言ったものだ。「大難は小難」と。ころんで右手をくじく。「よかったね、骨が折れなくて」

母は、徹底したオプティミストだった。くじいた事実はそのまま受け入れる。それをもっとひどい怪我でなくてよかったと考える。こうした人生観を、私は子どものとき母から教わった。不幸や失敗はあるのがあたりまえ。問題はそれをどう克服するかだ。克服などというおおげさな話ではない。それをどうやりすごしてしまうかだ。

コップにビールが半分入っている。まだ半分あるとも言える。もう半分しかない、とも言える。事実は同じ。問題はものの見方であり、受け止め方である。しかしその受け止め方次第で、幸福にも、不幸にもなる。こうした人生哲学を教えてくれた母に、私は心から感謝している。

「動物には超人的な能力をそなえているものがある。渡り鳥は休むことなく数千キロの空を飛翔することができる。とても人間ではかなわない。しかし考えてみよう。鳥のその能力は鳥に先天的にそなわった能力である。鳥にはそのプログラムを自ら作ることはできない。人間の偉さは、自らの人生を、自ら作り出したプログラムにしたがって生きる力を持っていることである。人間が万物の霊長たるゆえんがここにある」

ノーベル賞を受賞した江崎玲於奈博士から聞いた話である。私はこの話をいつも学生にすることにしている。なぜなら彼らは他人によって作られたプログラムを忠実に実行することは考えるが、自分に合ったプログラムを自ら作り出そうとはしないからだ。

マニュアル人間と人は言う。店に入ると店員がいっせいに「いらっしゃいませこんにちは」とひとことで言う。奇妙な日本語だ。だが、おそらく彼らのマニュアルには、客の顔を見たらそう言え、と書いてあるのだろう。店員に罪はない。彼らはマニュアルを忠実に実行しているのだから。

マニュアルが必要な段階があるのはたしかである。「まなび」は「まねび」から始まると言われる。まずまねすること、そこからすべてが始まる。しかしである。その段階にいつまでもとどまっていてよいのだろうか。それは人間性の尊厳の放棄ではないのか。

これから人生をスタートしようとしている若者が読んでくれる本を作りたい、というのが出版社の希望だと聞いている。私は、この本の中で、試行錯誤を重ねながら作ったプログラムと、それにしたがって歩んだ人生の軌跡を書いた。これをまねする必要はさらさらない。大事なことは、この本を読んだ若いひとびとが、自らプログラムを作り、それを実行してみようと考え、実際に実行してくれることである。この本を読んで、そういう人生を送ろうと考える人がひとりでも出てくれたら、私は、出版社に対して負った責任の一端を果たしたと言えるのかもしれない。そうあることを願っている。

石井米雄《いしい・よねお》

一九二九年、東京に生まれる。東京外国語大学中退後、外務省に入省。京都大学東南アジア研究センター所長・教授、上智大学アジア文化研究所所長・教授等を歴任。

一九九五年、紫綬褒章受賞。二〇〇〇年、文化功労者顕彰。

現在、神田外語大学学長、京都大学名誉教授、独立行政法人国立公文書館アジア歴史資料センター長、東洋文庫研究顧問、日本学術振興会学術顧問。

【専門】東南アジア史

【著書】『戒律の救い——小乗仏教』（淡交社、一九六九年）、『上座部仏教の政治社会学』（創文社、一九七五年）、『インドシナ文明の世界』（講談社、一九七八年）、『東南アジア世界の形成』（共著、講談社、一九八五年）、『日タイ交流六〇〇年史』（共著、講談社、一九八七年）、『タイ仏教入門』（めこん、一九九一年）、『メコン』（共著、めこん、一九九五年）、『タイ近世史研究序説』（岩波書店、一九九九年）、『東南アジア史Ⅰ　大陸部』（共著、山川出版社、一九九九年）など。

道は、ひらける——タイ研究の五〇年

初版印刷　2003年5月1日
第1刷発行　2003年5月15日

定価　1200円＋税

著者　石井米雄©
装丁　菊地信義
発行者　桑原晨
発行　株式会社めこん
〒113-0033　東京都文京区本郷3-7-1
電話03-3815-1688　FAX03-3815-1810
ホームページ http://www.mekong-publishing.com
印刷・製本　平河工業社・ローヤル企画
ISBN4-8396-0160-7 C0030 ¥1200E
0030-0305159-8347

メコン

石井米雄・横山良一（写真）
定価二八〇〇円＋税

雲南からラオス、タイ、カンボジア、ベトナム、そして南シナ海へ。大河メコンをたどる「河の流れのような旅」を楽しんでください。「空間のメコン」は横山良一さんが一〇年の歳月をかけて撮影した七九枚のカラー写真。「時間のメコン」は石井米雄さんの三八年に及ぶメコンへのこだわりを書きつづった歴史紀行。とても贅沢な時間があじわえます。

タイ仏教入門

石井米雄
定価一八〇〇円＋税

仏教がインドで衰えた一方で、タイであのように繁栄しているのはなぜでしょうか。厳しい修行の末に自己救済に至るというエリートのみに到達可能な仏教とは別に、一般大衆が魅力を感じる新しい信仰の体系が作り上げられたからにちがいない…。タイ研究の碩学が若き日の僧侶生活の体験をもとに、タイ仏教のダイナミズムを極めてわかりやすく解き明かした名著。